西安外国语大学资助立项教材

U0747779

跨境电商系列教材

跨境电商品牌营销

主编 袁艺舟

西安交通大学出版社
XI'AN JIAOTONG UNIVERSITY PRESS

图书在版编目（CIP）数据

跨境电商品牌营销 / 袁艺舟主编. — 西安：西安交通大学
出版社，2023.4(2025.9 重印)
ISBN 978-7-5693-3119-6

Ⅰ. ①跨… Ⅱ. ①袁… Ⅲ. ①电子商务—网络营销—品牌
营销 Ⅳ. ①F713.365.2

中国国家版本馆 CIP 数据核字（2023）第 041162 号

书　　名	跨境电商品牌营销
	KUAJING DIANSHANG PINPAI YINGXIAO
主　　编	袁艺舟
责任编辑	王建洪
责任校对	祝翠华
装帧设计	任加盟
出版发行	西安交通大学出版社
	（西安市兴庆南路 1 号　邮政编码 710048）
网　　址	http://www.xjtupress.com
电　　话	（029）82668357　82667874(市场营销中心)
	（029）82668315(总编办)
传　　真	（029）82668280
印　　刷	西安日报社印务中心
开　　本	787mm×1092mm　1/16　印张 10.125　字数 224 千字
版次印次	2023 年 4 月第 1 版　2025 年 9 月第 2 次印刷
书　　号	ISBN 978-7-5693-3119-6
定　　价	39.80 元

F 前 言
oreword

　　20 世纪的全球化浪潮,其主角是跨国公司。利用自身的规模经济、与政府的良好关系和多年积累的市场经验,跨国公司在全球大力推广自己的产品与服务,本土企业和品牌往往只能疲于招架。

　　21 世纪是互联网的时代。跨国公司的优势虽然仍然难以撼动,但凭借着日渐完善的交易平台、信息渠道和物流基础设施,不同国家和地区的企业与个人都能够参与国际市场的竞争。分属不同国家和关境的买卖双方,通过速卖通、亚马逊这样的电商平台进行交易,并借助跨境物流网络运输商品。与传统行业相比,跨境电商的单品交易额相对较小,时效性更强,信息不对称性较低,买卖双方都能够规避传统跨国公司模式带来的各种政治、经济、法律和文化冲突,因此能够与传统经济模式互相取长补短,相辅相成。

　　疫情的肆虐,国际冲突时有发生,发达经济体纷纷转向,制定更为保守利己的经济政策。全球市场也在历经百年未遇的深刻变革。对于跨境电商企业和从业者而言,这是挑战,但更是机遇。无论是古语所云"塞翁失马,焉知非福",还是英文谚语"每朵乌云背后都有阳光",都是跨境电商所面临的机会的恰当比喻。

　　世界主要经济体对跨境电商都高度重视。我国也为跨境电商项目发展、知识产权、培训教育、法律法规等方面提供了充足的政策支持,鼓励企业利用自身优势,结合当地的经济特色,为品牌出海铺平道路。尤其对于内陆地区,跨境电商能够弥补传统进出口产业和外商直接投资模式的不足。

　　同时,随着人民群众生活水平的提高,跨境电商进口业务也蓬勃发展。无论是利用国内的保税区进行备货,还是在跨境电商平台直接下单,甚至确认订单后国外的独立站直接快件清关,都是消费者能够选择的购买渠道。

因此,无论是中国的出海品牌,还是广大消费者,都可以直接或间接获益,未来的人才需求也将进一步增加。顺应这一喜人的新趋势,目前已经有约五十所国内高校开设了跨境电商相关本科专业,白驹过隙,毕业生的未来可期。

但是,在跨境电商蓬勃发展的同时,我们应当谨记,跨境电商企业昨日的成功经验,可能已不适用于明天的市场挑战,单纯依靠价格和猎取稍纵即逝的市场机会,可能无法支撑跨境电商品牌的长远发展。

品牌是企业长期发展的核心,而品牌的成长必须匹配适合的营销策略。本教材既包含了许多跨境电商品牌营销成功的案例,也包括了不少失败的经验。通过借鉴各相关领域的研究结论,本教材从消费者、营销调研、营销组合、视觉设计、客户关系和品牌战略等几个方面审视跨境电商品牌营销的要点和难点。

"卓有成效是管理者能够做到而且必须做到的事。"跨境电商企业要取得长远的发展,卓有成效的品牌管理是核心要务。希望本教材的资料、观点、理论和分析能够为读者带来更多的视角与思路,为将来的品牌营销任务打好基础。

由于笔者能力有限,时间仓促,书中难免存在疏漏之处,请专家同行和广大读者不吝指正。

袁艺舟
2023 年 2 月于西安外国语大学校园

目 录

Contents

第一章

导　论

导入案例

泽宝集团(见图1-1)成立于2007年，位于中国深圳，是国内营收规模较大的出海消费电子品牌企业之一，专注于小家电、智能音频、智能配件等设备的研发、设计和销售，旗下产品远销美国、德国、英国、日本等60多个国家和地区，获得全球4688万用户的喜爱和认可。

图1-1　泽宝集团电商网站截图

自2008年起，泽宝集团的亚马逊平台业务启动，通过亚马逊进入美国、英国、德国、法国、意大利等欧美市场，2011年创立TAOTRONICS等子品牌，实现了战略转型与升级；2017年，荣获"广东省电子商务示范企业"称号。

2018年,泽宝集团被星徽股份并购,成为其旗下全资子公司。2020年,泽宝集团销售额超过48亿元,在亚马逊等境外大型电商平台上占据遥遥领先的行业市场份额,其旗下三大国际品牌VAVA、TAOTRONICS、RAVPOWER,拥有很高的知名度和美誉度。

天有不测风云,受2021年亚马逊封号事件的影响,泽宝销售收入跌去大半。2021年前三季度,泽宝技术销售收入比上年同期下滑24.83%,其中,第三季度销售收入比上年同期下降74.88%。同时,相关店铺冻结资金折合人民币6003.46万元。

此前,泽宝主要通过亚马逊等平台销售自有品牌的电源类、蓝牙音频类、小家电类、电脑手机周边类、个护健康类等消费电子产品。2020年泽宝技术实现营业收入47.74亿元,与前一年同期相比增长68.57%,其中在亚马逊上的销售额就突破了45亿元,渠道收入占比超过94%,十分之高。正因如此,当前主力品牌被封、超七成站点被亚马逊关闭,对泽宝可谓灭顶之灾,这个深耕亚马逊的品牌受到了极大的影响。

事后,泽宝集团公布了反腐败声明,采取了一系列措施进行规范及约束,具体如下。①员工管理:在《员工手册》《劳动合同书》中明确约定反腐倡廉条款,杜绝内部腐败;②供应商管理:泽宝与每一家供应商均签订了《采购廉洁协议》,并通过风险评估、尽职调查、培训等方式,有效管控外部廉洁风险;③合规顾问:聘请专业的法律与审计顾问,深入业务层面搭建有效、可持续的廉洁监督体系。但即便如此,泽宝品牌何时能返回亚马逊平台,仍是一个未知数。

思考题:

1. 泽宝集团是否遭遇了不公正的对待?

2. 其他中国企业在跨境电商业务中如何更好地塑造自身形象?

第三届中国国际进口博览会开幕式上,国家主席习近平发表了主旨演讲。习近平指出,"中国将继续通过进博会等开放平台,支持各国企业拓展中国商机。中国将挖掘外贸增长潜力,为推动国际贸易增长、世界经济发展作出积极贡献。中国将推动跨境电商等新业态新模式加快发展,培育外贸新动能。"毋庸置疑,跨境电商迎来了黄金发展期。

改革开放40多年来,中国取得的经济成就举世瞩目。随着互联网、移动技术、大数据技术、物联网的不断普及,企业与个人可以利用跨境电子商务这样的平台与模式,更为便利地参与国际竞争,创造财富。

同时,任何进步都可能遭到他人的觊觎。一些政治家与政府利用各种手段,不惜破坏国际经济与贸易的秩序与原则,与中国进行博弈对抗。对于企业与个人而言,无论是中国品牌出海,还是外国品牌拓展中国机会,道路都将更加曲折。

挫折是成长的必经之路。戚继光《望阙台》有云:"繁霜尽是心头血,洒向千峰秋叶丹。"跨境电商的目标是树立品牌,而品牌又是商业继续成长的见证与保证。在不久的将来,更多的中国品牌在国际跨境电商平台上必将大放异彩,再度震惊世界。开放的中国胸怀也将容纳来自五大洲的优良产品,共同推动世界经济发展。

第一节 跨境电商的市场营销学基础

菲利普·科特勒在其著作《科特勒精选营销词典》中写道:"市场营销并非是指企业绞尽脑汁将产品推销出去的手段。与之相反,真正的营销是创造货真价实的消费者价值。"

因此,市场营销可以理解为个人与群体通过创造产品与服务交换价值的社会与管理过程。根据此定义,市场营销并不局限在传统的工厂或者企业,任何个人或团队,只要能够创造出独特、不可替代、具有普遍应用价值的产品、服务、观点、经验,都可以参与市场竞争并因此获利,推动社会繁荣与经济发展。跨境电子商务就是顺应这样的规律应运而生,蓬勃发展的。

一、跨境电商的特点

跨境电商和传统市场营销学有什么异同? 以亚马逊公司为例(见图1-2),亚马逊总部位于美国华盛顿州的西雅图,是最早开始经营电子商务的公司之一。亚马逊成立于1994年,一开始只经营网络的书籍销售业务,现在则涉及了范围相当广的其他产品。亚马逊及其销售商为客户提供数百万种独特的全新、翻新及二手商品,如图书、影视、音乐和游戏、数码下载、电子和电脑、家居园艺用品、玩具、婴幼儿用品、食品、服饰和鞋类、珠宝、健康和个人护理用品、体育及户外用品、汽车及工业产品等。

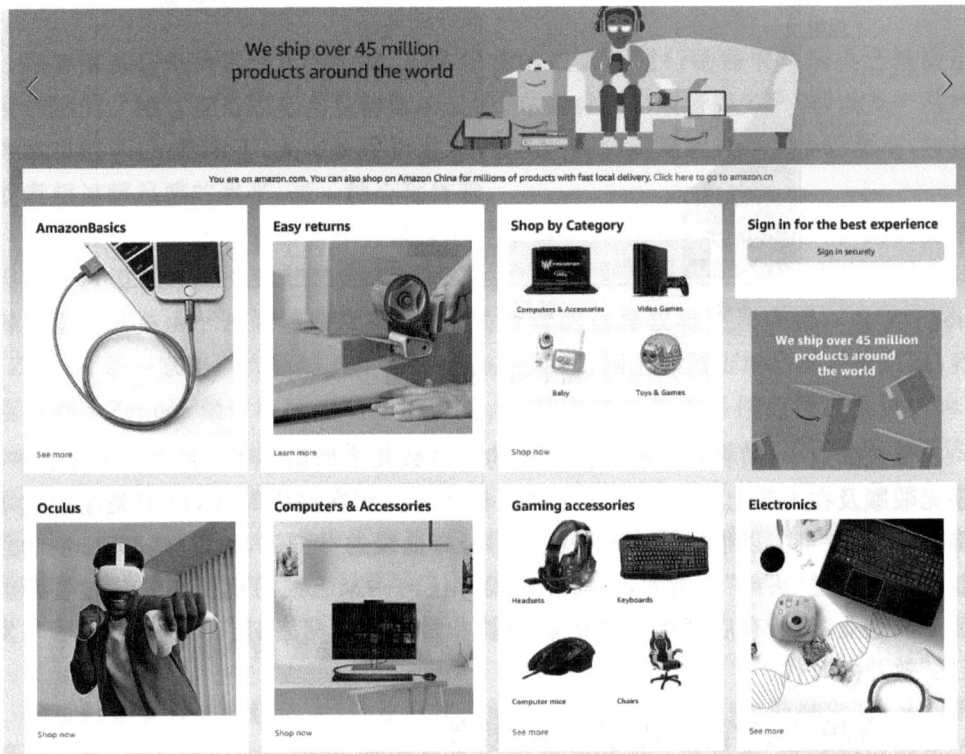

图1-2 亚马逊网站页面截图

业的互动合作实现共同创造价值。企业则注重通过支持消费者流程、设计消费者体验环境、增进消费者与企业的互动,管理共同创造价值活动,从而实现消费者和企业为己方和对方共同创造价值的目标。建立并维持与顾客的良好关系是企业营销成功的基本保证,首先,必须真正树立以消费者为中心的观念,一切从消费者出发,将此观念贯穿到企业生产经营的全过程中;其次,切实关心消费者利益;最后,要加强与顾客的联系,增进双方的感情。

我们可以想象,顾客 A 购买了一杯星巴克咖啡,因此而保持全天的高效率,及时解决了工作中的难题,从而获得了上司的嘉奖。顾客 B 同样购买了一杯星巴克咖啡,但临时有事,匆忙将咖啡倒进洗碗池,甚至白色衬衣还染上了不少咖啡渍。因此,有时决定价值的并非产品本身,而是消费者的主观体验以及消费情境,因此跨境电商应注重消费者关系的维护,以免陷入一味追求低成本的窠臼。

回顾市场营销学的理论进展,我们可以得知以下四种思路:

(1)以产品为中心的营销:生产效率为先;

(2)以销售为中心的营销:以挤占市场为先;

(3)以消费者为中心的营销:以满足顾客需求为先;

(4)以关系为中心的营销:以企业与利益相关者保持长期关系为先。

跨境电商企业的消费群体遍及不同国家,竞争也来自全世界。因此,企业无论如何殚精竭虑,也无法保证生产效率长期保持全球最高水平,更不可能永远挤占市场。因此,只有通过与消费者及其他利益相关者保持长期稳定、互惠互利、高瞻远瞩的关系,才能在激烈的竞争中生存。

三、市场营销学的战略层面思考

除了以上哲学性的思考,企业要面临市场战略的挑战。市场战略意味着对企业自身发展方向、市场趋势和竞争对手战略的长期考量。战略应当从以下三点入手(STP战略):第一步,市场细分(segmenting),根据购买者对产品或营销组合的不同需要,将市场分为若干不同的顾客群体,并勾勒出细分市场的轮廓;第二步,确定目标市场(targeting),选择要进入的一个或多个细分市场;第三步,定位(positioning),在目标市场顾客群中形成一个印象,这个印象即为定位。

传统观点认为,企业应当在市场的各种作用力中努力与他人博弈,波特五力模型(见图 1-4)是典型的例子。而跨境电商的情境中,企业战略实施不能埋头苦干,要实现与消费者、生产商、渠道商等的更多交互,并通过交互创造更多价值,同时降低交互成本。传统企业往往由于交互不及时,出现产能过剩、交货不及时、渠道臃肿或缺失。而跨境电商可以利用大数据分析,尽量减少各环节的信息不对称,从而让价值链中的所有参与者都减少无谓的消耗。

一些励志讲座给观众的感受是,营销无所不能,只要口号够响亮,代言人颜值够高,产品就能卖得出去。那么,营销真的是万能的吗?事实上,营销在很多情况下并不能够提升企业的业绩。如果交互对象饱和,如消费者的总数达到上限,或者消费者已经处于

驱动产业竞争的力量——五力竞争模型

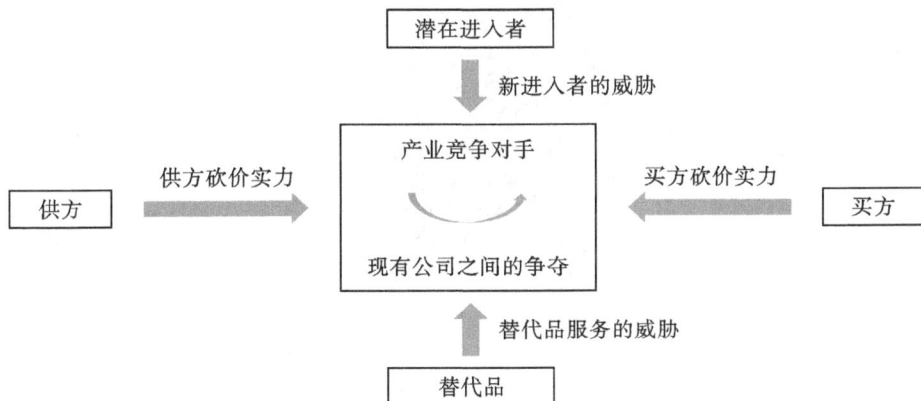

图 1-4　波特五力模型

价格弹性的极限,那么企业再如何增加营销投入,仍然无法改变现状;或者,虽然交互对象尚未饱和,但企业目前无法提供有效交互,例如,虽然购物季到来,但企业忘记改正去年产品设计的缺陷,那么任何营销手段也都是徒劳的。另外,企业无法通过交互改变现状,或者企业市场地位优越(如垄断),都无须依靠营销来拓展业务。

市场营销的表现,还受限于管理者的意识形态。早在 20 世纪 60 年代,西奥多·莱维特(Theodore Levitt)就在《哈佛商业评论》上刊载文章,指出很多行业与企业之所以陷入低迷,是因为管理者对行业估计错误,主观限制企业发展空间,从而使得企业在错误的舞台和跑道上越走越窄。同时,企业过于看重利润,对社会需求、商业伦理关注不足,可能会积累公关危机,内外交困。另外,如果企业过度关心营销决策而忽视其他部门的参与,也可能抑制创新,错失企业发展的良机。

最后,营销战略的实施还需要考虑不同市场的维度可能不同。企业必须适应不同国家的市场环境,采用恰当的竞争方式与场景,而且,不同市场的价值沟通可能大相径庭。例如,韩国三星在本土以及美国等市场主要销售包括手机等电子产品;由于中国手机市场竞争激烈,在中国则深耕半导体市场;而在中东等发展中国家,则重点关注地产,如迪拜塔、吉隆坡国油双子塔等,都是三星集团的杰作。

四、市场营销学的战术层面思考

1953 年,尼尔·波顿(Neil Borden)首先提出了"市场营销组合"(marketing mix)这一术语。所谓市场营销组合是指企业针对目标市场的需要,综合考虑环境、能力、竞争状况,对自己可控制的各种营销因素(产品、价格、渠道、促销等)进行优化组合和综合运用(见图 1-5),使之协调配合,扬长避短,发挥优势,以取得更好的经济效益和社会效益。随着营销环境的变化,营销因素后续增加了公共关系(public relations)、政治因素(politics)、人的因素(people)、产品包装(packaging)、市场调研(probing)等。

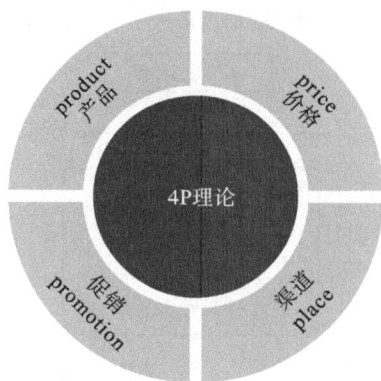

图 1-5　营销组合的 4P 理论

对于跨境电商企业而言，日常营销管理包括以下几点：①获取商业信息。大数据时代几乎没有秘密可言。除搜索引擎外，目前企业广泛运用网络爬虫技术获取商业信息，包括数据通用网络爬虫（general purpose web crawler）、聚焦网络爬虫（focused web crawler）、增量式网络爬虫（incremental web crawler）、深层网络爬虫（deep web crawler）等。②决定营销组合的流程。传统企业是金字塔式的科层制，决策流程较为烦琐缓慢。跨境电商企业可以利用神经网络原理，利用顾客、渠道等反馈信息，实现网络状决策流程。③利用相关信息并及时做出反应。无论是公关危机还是顾客投诉，互联网时代的耐心是非常短暂的。企业应当利用客户关系管理（CRM）等系统建立智能化、及时性的反馈机制，为员工与管理层提供决策依据。

除 4P 模型外，20 世纪 90 年代，美国市场学家罗伯特·劳特伯恩（Robert Lauterborn）提出了以"4C"为主要内容的作为企业营销策略的市场营销组合，即针对产品策略，提出应更关注顾客的需求与欲望；针对价格策略，提出应重点考虑顾客为得到某项商品或服务所愿意付出的代价；并强调促销过程应用是一个与顾客保持双向沟通的过程。"4C"组合为顾客（customer）、成本（cost）、便利（convenience）、沟通（communication）。21 世纪初，美国学者唐·舒尔茨（Don Shultz）提出了基于关系营销的 4R 组合，受到广泛的关注。4R 阐述了一个全新的市场营销四要素，即关联（relevance）、反应（response）、关系（relationship）和回报（return）。无论哪种模型，都强调与顾客关系的建立与维护，这是企业经营的关键。

第二节　品牌初探

一、定义品牌

什么是品牌？品牌概念是指能够吸引消费者，并且建立品牌忠诚度，进而为客户创造品牌（与市场）优势地位的观念。品牌概念应该包括核心概念和延伸概念。品牌核心价值是一家企业品牌资产的关键部分，它将承担着能否让消费者明确企业品牌的作用，并可以清晰明了地为消费者区分品牌与品牌之间的价值,更可以轻松地让消费者记住该品牌所能提供的利益价值观与个性化服务。品牌核心价值可以帮助企业提升消费者对其的认知度、信任度,让消费者满意、喜欢甚至爱上该品牌产品,这是企业塑造品牌的重要性,更是品牌带来的力量。

品牌核心价值是企业在发展中经营品牌的唯一价值追求,更是一个企业品牌营销推广宣传的起点,企业通过频繁的品牌营销推广将直接把品牌提供的价值观展现在消费者面前。而一切的品牌营销推广宣传都需要围绕企业所能为消费者提供的品牌核心价值而展开,这是对该公司品牌核心价值的不断渗透,并进一步强化在消费者内心的品牌核心价值。品牌核心价值在不断重复的宣传过程中,将把该品牌价值观进一步导入消费者的思想意识里,从而让消费者看到品牌营销的宣传语就自然而然联想起该品牌。也只有通过品牌营销不断重复地传播品牌核心价值,才有可能让消费者看到一个Logo,或品牌店面设计的形象,或产品的品牌包装形象,就可以轻松识别该品牌,从而了解品牌产品与产生购买行为。

图 1-6 是 2022 年最有价值的品牌排行榜前十名。如果比较一下企业规模排行榜和品牌排行榜,不难发现,全世界规模最大的企业往往是制造业(如三星、华为)或金融业(如中国工商银行),或某个行业具有近乎垄断地位的特殊存在(如沃尔玛)。但品牌排行与消费者的认知高度相关,高科技企业(苹果、谷歌、微软)和跨境电商相关的企业(亚马逊、脸书)也跻身前列。那么,应如何理解品牌的意义与价值?

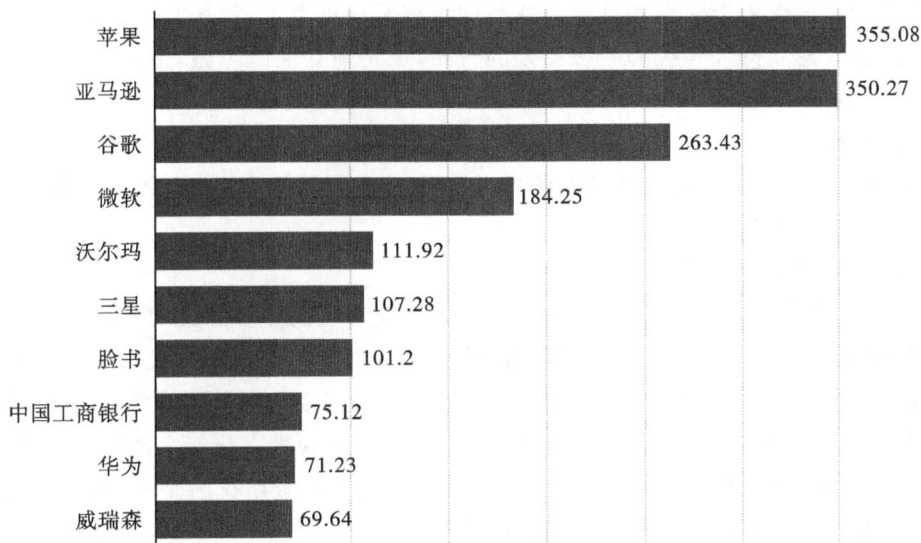

图 1-6 2022 年 Statista 品牌价值排行榜(单位:10 亿美元)

二、品牌资产要素

大卫·艾克是先知品牌战略咨询公司(Prophet Brand Strategy)副总裁、美国加州大学伯克利分校哈斯商学院的营销学名誉教授,也是品牌和品牌资产领域最具影响力的权威学者之一,被《品牌周刊》誉为"品牌资产的鼻祖"。

1991 年大卫·艾克在综合前人研究的基础上,提炼出品牌资产的"五星"概念模型,即认为品牌资产是由"品牌知名度(brand awareness)、品牌认知度(perceived brand quality)、品牌联想度(brand association)、品牌忠诚度(brand loyalty)和其他品牌专有资产"5 部分所组成的。

品牌知名度是消费者对一个品牌的记忆程度。

品牌认知度是指消费者对某一品牌在品质上的整体印象。它的内涵包括:功能、特点、可信赖度、耐用度、服务度、效用评价、商品品质的外观。它是品牌差异定位、高价位和品牌延伸的基础。研究表明,消费者对品牌的品质的肯定,会给品牌带来相当高的市场占有率和良好的发展机会。

品牌联想度是指透过品牌而产生的所有联想,是对产品特征、消费者利益、使用场合、产地、人物、个性等的人格化描述。这些联想往往能组合出一些意义,形成品牌形象。它是经过独特销售点(USP)传播和品牌定位沟通的结果。它提供了购买的理由和品牌延伸的依据。

品牌忠诚度是在购买决策中多次表现出来的对某个品牌有偏向性的(而非随意的)行为反应,也是消费者对某种品牌的心理决策和评估过程。它由五级构成:无品牌忠诚者、习惯购买者、满意购买者、情感购买者和承诺购买者。

品牌忠诚度是品牌资产的核心,如果没有品牌消费者的忠诚,品牌不过是一个几乎没有价值的商标或用于区别的符号。从品牌忠诚营销观点看,销售并不是最终目标,它只是与消费者建立持久有益的品牌关系的开始,也是建立品牌忠诚,把品牌购买者转化为品牌忠诚者的机会。

其他品牌专有资产是指品牌有何商标、专利等知识产权,如何保护这些知识产权,如何防止假冒产品,品牌制造者拥有哪些能带来经济利益的资源,比如客户资源、管理制度、企业文化、企业形象等。

艾克的品牌识别模型如图 1-7 所示。

因各个行业不断的数字化交易属性,各个数字化转型的企业在此过程中积累了大量的数据,在此基础上,企业并不止步于积累数据本身,而是不断地利用大数据进行数据分析,以赋能企业决策,让企业决策更为精准、高效。对于很多新零售品牌来说,数字化是一切大数据进程发展的基石,如商品数字化、客户数字化、销售数字化等。这样一来,就有大量品牌开始使用如 DataFocus、Power BI 等大数据工具分析数字化的企业场景,抑或是聘请专业的大数据分析团队。而对于新零售企业来说,品牌更应全面地拥抱数字化趋势。

对于跨境电商而言,品牌的数字化是一大趋势。公司与顾客的任何接触点——站点的外观、服务人员接电话的态度、包裹寄送的速度、回馈的便捷性、站点的易浏览性、技术故障的排除、高附加值的服务、对用户的友善度……所有这些都是品牌的表现形式。就像网络企业门口温馨的问候一样,它们和公司的标志都是"品牌"的重要部分。所以,一个站点提供的产品和服务以及公司在整个沟通过程中所体现的特色与品质,决定了一个品牌的真正价值,而这不是广告所能搞定的。

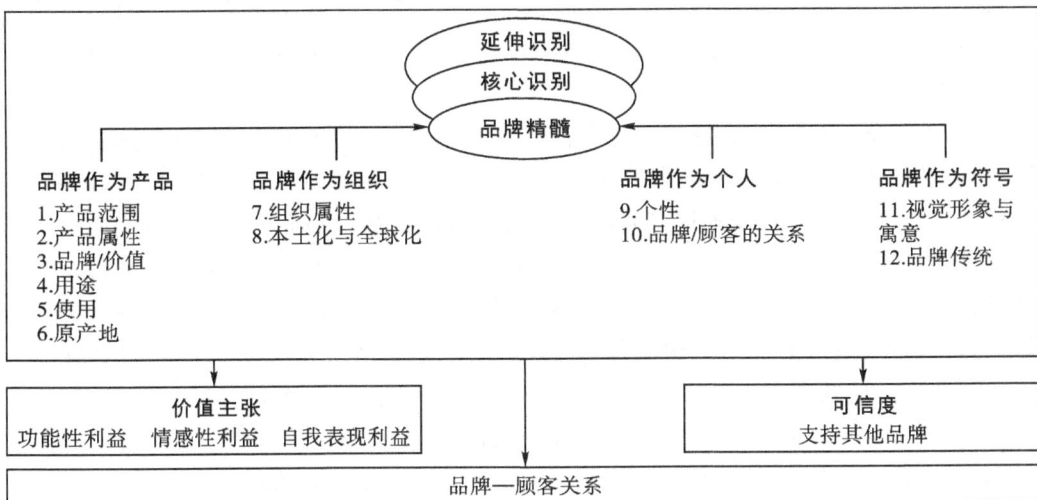

图 1-7　艾克的品牌识别模型

三、数字品牌

数字品牌(digital brands)是通过数字媒体进行品牌表达的形式,也包括通过数字媒体进行品牌建立、维护和扩大的过程。简略地说,数字品牌就是品牌的数字媒体表现形式。数字品牌所做的承诺并不局限于互联网,而媒体的互动能力,使数字化品牌更容易递送他们的承诺。数字化品牌具有以下优势。

(1)容易增加消费者黏性。"黏性"是衡量用户忠诚度计划的重要指标,它对于整个公司的品牌形象起着关键的作用。促进销售的方法之一就是充分利用客户管理方面的技巧。一些成功的市场人员,都知道要注重培养用户的"黏度"。例如,一些用户希望成为真正的专家,一些用户将网络作为增长见识的工具,因此,你应该尽量提供一些让他们真正感兴趣的东西。在网站上放置一些及时且有针对性的信息会让你的网站成为一个真正的专业资料库,当用户认定了可以从你的网站上不断获取信息时,他们就会不断来"充电"。而跨境电商在信息化和数字化建设方面具有天然优势,与传统企业相比,更容易增加消费者黏性。

(2)内容丰富。内容丰富指的是以图片、文字、动画等介质传达有关企业的相关内容来给客户信息,促进销售,即通过合理的内容创建、发布及传播,向用户传递有价值的信息,从而实现网络营销的目的。它们所依附的载体,可以是企业的 Logo、画册、网站、广告,甚至是 T 恤、纸杯、手提袋等,根据不同的载体,传递的介质各有不同,但是内容的核心必须是一致的。根据《2020—2021 年中国内容营销趋势》白皮书,2020—2021 年内容营销的八大趋势包括:内容营销底线思维进一步强化;私域营销内容生产的流程化、系统化;营销视频时间变长,生产专业化;直播与 VR 行至中场,直播成为私域入口;"土味营销"结合渠道下沉融入生活;国潮营销向科技、时尚的拓展与联合;社会化营销用社交货币制造裂变；新能源汽车营销从漏斗式营销向涟漪式营销转变。因此，跨境电商不应满足于提供几张静态的产品介绍图片，而应当积极丰富营销内容，用情感、故事、共鸣打动消费者。

（3）费用低。数字化品牌的一大手段是病毒营销（viral marketing），又称病毒式营销、病毒性营销、基因营销或核爆式营销。病毒营销是利用公众的积极性和人际网络，让营销信息像病毒一样传播和扩散，快速复制，迅速传播，将信息短时间内传向更多的受众。病毒营销是一种常见的网络营销方法，常用于进行网站推广、品牌推广等。也就是说，病毒营销是通过提供有价值的产品或服务，"让大家告诉大家"，通过别人为你宣传，实现"营销杠杆"的作用。病毒营销已经成为网络营销最为独特的手段，被越来越多的商家和网站成功利用。病毒营销也可以称为口碑营销的一种，它是利用群体之间的传播，让人们建立起对服务和产品的了解，从而达到宣传的目的。由于这种传播是用户之间自发进行的，因此病毒营销是几乎不需要费用的网络营销手段。

（4）效果好。作为一个不断创新和发展的营销模式，越来越多的企业尝试着在社交网络服务（SNS）上施展拳脚，无论是开展各种各样的线上活动（例如悦活品牌的种植大赛、伊利舒化奶的开心牧场等）、产品植入（例如地产项目的房子植入、手机作为送礼品的植入等），还是市场调研（在目标用户集中的城市开展调查，了解用户对产品和服务的意见）以及病毒营销等（植入了企业元素的视频或内容可以在用户中像病毒传播一样迅速地被分享和转帖），所有这些都可以在这里实现，为什么这么说呢？因为SNS最大的特点就是可以充分展示人与人之间的互动，而这恰恰是一切营销的基础所在。

社交网络营销的"多对多"的信息传递模式具有更强的互动性，受到更多人的关注。随着网民网络行为的日益成熟，用户更乐意主动获取信息和分享信息，社区用户显示出高度的参与性、分享性与互动性。社交网络营销传播的主要媒介是用户，主要方式是"众口相传"。因此，与传统广告形式相比，社交网络营销无须大量的广告投入，相反，因为用户的参与性、分享性与互动性的特点，很容易加深对一个品牌和产品的认知，容易形成深刻的印象，形成良好的传播效果。

虽然数字化品牌的好处多多，但企业还应当注意以下几点。首先，品牌建设不能仅建立在数字层面，要在各个环节树立品牌的存在感和一致性，以免消费者产生倦怠，其他竞争对手乘虚而入。其次，数字化营销容易剑走偏锋，需要注意日常运营与长期战略的一致性。最后，数字营销的效果难以预测，需要反复试验可行性，并保持目标的可测量性。

第三节　跨境电商品牌营销概述

2021年，德勤中国再次携手谷歌联合发布《2021中国跨境电商发展报告》，聚焦新常态下跨境电商品牌化运营及品牌大站的打造，助力企业实现品牌化转型，开启跨境电商的新篇章。调研结果表明，海外零售线上化趋势加速，不仅涌现了更多新的电商消费者，亦呈现购买品类多样化及可持续的趋势。多个子品类的电商收获不同程度的线上红利，尤其是女装、男装、鞋履、电脑与手机等品类，对跨境电商的赛道选择和目标客群定位有前瞻意义。同时,线上消费者不断提高在品牌官网的消费比例以及不断尝试新品牌,有望重塑品牌格局,为跨境电商企业带来新一轮的发展机遇期。

一、跨境电商品牌的使命

为了实现可持续发展,中国跨境电商品牌不仅需要在产品、用户层面不断加强,还需要在品牌建设方面更进一步,以支持企业跨越发展瓶颈。当前我国跨境电商企业在转型升级发展过程中,面临着来自产品、用户、品牌三方面的挑战。首先,背靠中国强大的供应链体系,中国跨境电商往往拥有较强的生产能力,但是在产品开发层面依然有提升空间;其次,尽管部分中国跨境电商已经开始意识到用户行为数字化的重要性,但很多企业并未实现对用户需求的深度、持续挖掘并用于改善业务;再者,国外消费者更加看重品牌带来的价值,中国大多数跨境电商的品牌建设仍停留在初级阶段,品牌价值观的塑造及传递仍有待解决。

跨境电商经历多年的高速增长,一来从业人员与企业逐年增多,导致蓝海变红;二来消费者的胃口被提升,满足顾客需求、增加品牌资产变得更加困难。因此可以初步判断,跨境电商的高速增长期可能已经过去,接下来将是各个品牌深耕自身领域、打造独特优势的关键时期。

以宝洁公司旗下的帮宝适婴幼儿纸尿裤为例(见图1-8)。帮宝适是全球领先的行业品牌,在建立电商平台初始,管理者认为,线上业务只是将传统渠道如超市等的产品搬到网上售卖。事实证明,随着时代的进步和消费者特征的变化,进行网上购买的消费者与在实体店购买的消费者大不相同,如果不能满足他们的需求,他们可能就会迅速流失。通过积极沟通与市场调研发现,网上购物的消费者首先关注的是该品牌对自身是否有切实的价值提升。对于纸尿裤产品而言,消费者最大的困惑是不同规格与用途的产品应当如何选择。在建立了网上社区后,有经验的父母会无私指导新晋宝爸宝妈如何选择与使用纸尿裤,一来极大程度上解决了用户的困扰,二来企业的维护成本也极低。

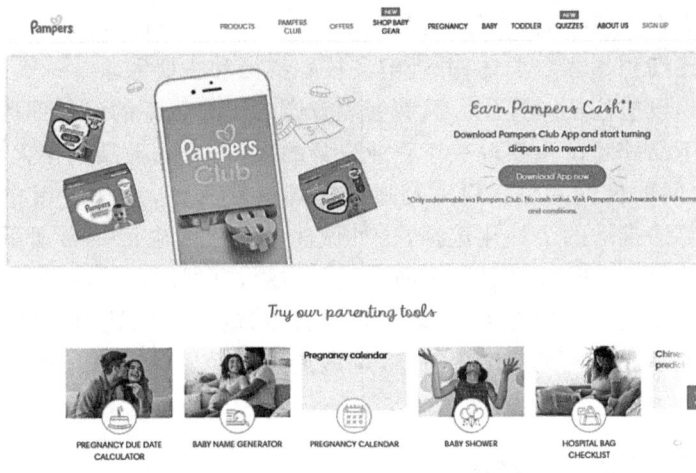

图1-8 帮宝适产品电商网站截图

因此,对于致力于建立卓越品牌形象的企业而言,需要回答的首要问题就是,跨境电商品牌的要素应该有哪些。简言之,首先,品牌建设应当有效控制与消费者的沟通。达成有效沟通须具备两个必要条件:第一,信息发送者清晰地表达信息的内涵,以便信息接收者能确切理解;第二,信息发送者重视信息接收者的反应并根据其反应及时修正信息的传递,免除不必要的误解。有效沟通主要指组织内人员的沟通,尤其是管理者与被管理者之间的沟通。有效沟通能否成立关键在于信息的有效性,信息的有效程度决定了沟通的有效程度。信息的有效程度又主要取决于以下几个方面:①信息的透明程度。当一则信息应该作为公共信息时,就不应该导致信息的不对称性,信息必须是公开的。公开的信息并不意味着简单的信息传递,而是要确保信息接收者能理解信息的内涵。如果以一种模棱两可的、含糊不清的文字语言传递一种不清晰的、难以使人理解的信息,对于信息接收者而言没有任何意义。另外,信息接收者也有权获得与自身利益相关的信息内涵,否则有可能导致信息接收者对信息发送者的行为动机产生怀疑。②信息的反馈程度。有效沟通是一种动态的双向行为,而双向的沟通对信息发送者来说,应得到充分的反馈。只有沟通的主、客体双方都充分表达了对某一问题的看法,才真正具备有效沟通的意义。

其次,品牌建设应找准目标客户群体。在初步确定目标客户群体时,必须关注企业的战略目标,它包括两个方面的内容,一方面是寻找企业品牌需要特别针对的具有共同需求和偏好的消费群体,另一方面是寻找能帮助公司获得期望达到的销售收入和利益的群体。通过分析居民可支配收入水平、年龄分布、地域分布、购买类似产品的支出统计,可以将所有的消费者进行初步细分,筛选掉因经济能力、地域限制、消费习惯等原因不可能为企业创造销售收入的消费者,保留可能形成购买的消费群体,并对可能形成购买的消费群体进行某种一维分解。分解的标准可以依据年龄层次,也可以依据购买力水平,还可以依据有理可循的消费习惯。由于分析方法更趋于定性分析,经过筛选保留下来的消费群体的边界可能是模糊的,因此需要进一步的细化与探索。

对于传统行业而言,寻找目标群体相对简单,但跨境电商的消费者往往分散在不同国家和地区,隐藏在屏幕之后,更加难以画像。此时企业可利用电子邮件信息、网页访问记录等手段,逐渐积累客户群体,并理解其核心特征和主要需求。

最后,品牌建设应注重差异化。品牌管理者倾向于将线下的经验照搬到网上,其最大的问题是:线下品牌建设主要取决于企业自身的决策,而线上品牌很大程度上依赖于企业与消费者之间的价值共创。以亚马逊的品牌策略为例,亚马逊用户打开页面,首先,能看到利用算法推送的个性化选择,这种做法已为广大电商平台所采用。然后,亚马逊的页面很少一成不变,而是经过不断调适与实验,直到用户体验最为满意为止。同时,亚马逊将主动权交到消费者手中,最大化其自主选择权利,让消费者主宰自身的消费决策。最后,亚马逊采用灵活定价策略,刺激消费者经常访问并比价,从而提高顾客黏性。

二、跨境电商品牌策略

对于广大品牌而言,无法做到像亚马逊这样用户群体非常广泛,而且产品选择也面面俱到。因此,对于专精于某一类产品,或专门针对特定用户的品牌而言,个性塑造就变得无比重要。消费者经常对品牌赋予人类的个性特征。当品牌与消费者的自我个性特征相关联,或当品牌有名人代言、与著名的历史人物相联系时,消费者往往更容易想起该品牌。这一现象促使广告与市场营销人员在品牌形象塑造时更多采用诸如拟人化、人格化和使用者形象创造等策略,同时通过这些策略技巧,品牌与人类个性特征的联系也越来越紧密。

珍妮弗·艾克(Jennifer Aaker)于 1997 年开发了一套可靠的、有效的、能够广泛运用的品牌个性量表,认为品牌有五个方面的个性维度,分别是:真诚(sincerity),激动人心(excitement),能力(competence),精细(sophistication),粗犷(ruggedness)。这五个维度可以再细分为 15 个不同方面,共有 42 个指标,如下所示:

* 实际＝实际、家庭导向、偏向小城镇的

* 诚实＝诚实、诚恳、真实

* 健康＝健康、原生

* 快乐＝快乐、感性、友好

* 大胆＝大胆、新潮、兴奋

* 英勇＝英勇、酷逼、年轻

* 富有想象＝想象丰富、与众不同

* 时尚＝时尚、独立、当代

* 可靠＝可靠、刻苦、安全

* 智能＝智能、技术、团体

* 成功＝成功、领导、自信

* 高贵＝高贵、魅力、美丽

* 迷人＝迷人、女性、柔滑

* 户外＝户外、男性、西部

* 强壮＝强壮、有力

以网飞、欧莱雅、北面、耐克、麦当劳等在跨境电商领域起步较早的五个品牌为例(见图 1-9),这五个品牌分别符合品牌个性量表中的哪些描述,企业又是如何逐渐完成个性塑造的呢? 总体而言,根据各自的市场表现,网飞能够为不同的用户群体提供各种影视作品,24 小时不间断点播,品牌形象以能力维度较为突出。欧莱雅的个人护理产品质量上乘,适应不同消费者的皮肤需求,精细维度较为突出。北面作为著名的户外运动品牌,形象粗犷豪放,不拘一格。耐克强调运动之美,以激动人心的维度见长。麦

图 1-9 品牌案例

当劳的产品质量控制严格,能够保持全球一致性,以真诚见长。

三、跨境电商的文化差异挑战

除了在个性层面保持一致性,跨境电商品牌必须要面对的另一个问题是如何克服文化差异。下面以霍夫斯泰德文化维度理论(Hofstede's cultural dimensions theory)为例,该理论是荷兰心理学家吉尔特·霍夫斯泰德提出的用来衡量不同国家文化差异的一个框架。他认为文化是在一个环境下人们共同拥有的心理程序,能将一群人与其他人区分开来。通过研究,他将不同文化间的差异归纳为六个基本的文化价值观维度,分别为权力距离、个人主义与集体主义、男性特质与女性特质、不确定性规避、短期导向与长期导向、自身放纵与约束。由于个体与群体在这些维度上的表现各不相同,因此在衡量与判断同一产品时,可能会产生大相径庭甚至针锋相对的观点与行动。

由表1-1可以看出,澳大利亚、英国、美国等国家的个人主义较强,中国的长期导向较为明显,日本的男性特质与不确定性规避较高,而俄罗斯的权力距离与不确定性规避较大。因此,在进行跨境电商营销的实践时,我们应当根据目标市场的文化差异,有的放矢,避免与消费者的价值观、行为标准相抵触。

表 1-1 霍夫斯泰德文化维度模型

国家	权力距离	个人主义	男性特质	不确定性规避	长期导向	个人放纵
澳大利亚	38	90	61	51	21	71
中国	80	20	66	30	87	24
印度	77	48	56	40	51	26
法国	68	71	43	86	63	48
英国	35	89	66	35	51	69
日本	54	46	95	92	88	42
墨西哥	81	30	69	82	24	97
俄罗斯	93	39	36	95	81	20
瑞典	31	71	5	29	53	78
美国	40	91	62	46	26	68

数据来源:https://geerthofstede.com/research-and-vsm/dimension-data-matrix/.

四、跨境电商品牌营销的其他典型问题

除了品牌缺乏个性塑造、忽视目标市场的文化差异之外,跨境电商品牌营销过程中还可能出现以下典型问题。

(一)企业可能对互联网资源的利用不足

互联网是一个不断成长的开放系统,其覆盖地域不断扩大,大量异构的资源动态更新与扩展,资源的规模及其关联关系不断成长变化,资源管理的范围难以确定。互联网

的快速发展,使得互联网上有用的文献信息、数据库迅速丰富起来。互联网成为世界上最大的信息载体,它以丰富的信息资源和便捷的交流方式促进了科技的进步和经济的发展,也给科技查新咨询工作带来了新的机遇。互联网资源具有信息的时效性、内容的广泛性、访问的快捷性、搜索的网络性和资源的动态性等特点。在跨境电商营销过程中,由于产品线众多、国家市场多,管理者容易忽视重要的信息以及市场的变化。

(二)跨境电商管理没有实时掌握市场变化

由于消费者能够同时比对不同跨境电商网站的产品,而且能够随时与实体店的促销价格相对照,比较价格的成本近乎为零,因此消费者在跨境电商网站购物时将更加在意价格。如果跨境电商管理者不能实时掌握市场变化,将可能随时失去潜在用户,或令现有用户的忠诚度降低。

(三)跨境电商管理者对消费者的期望缺乏了解

消费者期望是指消费者根据对主观和客观条件的分析,在一定的时间里希望达到的消费(购买)目标或满足需要的一种心理活动。假如跨境电商管理者对当地市场缺乏了解,则可能会以本国市场的经验与想法去套用,造成对当地消费者心理的误读。

(四)跨境电商管理者可能会出现测量指数选择错误

不同的市场与产品种类,决定消费心理与决策的指数可能各不相同。例如,在预测购物季的购买行为时,商家主要测量了个人的可支配收入,并以此预测礼物的购买行为。而实际上,决定礼物购买的可能主要是家庭成员数量,以及家庭成员的年龄与性别。

(五)企业对品牌战略效果的误判

品牌战略是公司将品牌作为核心竞争力,以获取差别利润与价值的企业经营战略,且通过把握目标受众,充分传递自身的产品与品牌文化的关联识别。假如企业对品牌战略效果估计错误,可能会在错误的品牌宣传、品牌塑造等问题上越走越远。

1.标准化与本土化

在国际市场站稳脚跟之后,所有企业都将面临标准化与本土化的两难选择。品牌国际化是将同一品牌名(商标名)以标准化和本土化相结合的方法向多个国家和地区进行品牌扩张和品牌输出的长期动态营销过程,目的是获得国际化带来的利润。品牌国际化中标准化能够带来巨大的规模效应,而本土化则可以更好地贴近目标顾客,获得更大的市场占有率,但同时销售的成本也会随着本土化的提高而提高。

标准化的国际营销策略,就是把在本国国内销售的产品及其营销方法直接带到国际市场,用同样的方法销售同样的产品。标准化将世界看作一个大市场,不必理会各个国家和地区之间的差别,企业的任务就是提供性能先进、可靠、廉价的全球化标准产品。因此,许多公司倾向于在其产品及营销活动中执行统一的标准,它们创造了所谓的"全球品牌",即在全球用同样的方式进行营销。

赞成企业营销本土化的人们认为,公司应该"做全球性考虑,但更应根据当地情况采取行动",即总公司提出战略性方针,当地公司则注重个体消费者差异。由于各国社会文化环境的不同,收入水平、产品的使用条件以及政府的规定等的不同,企业应根据不同的市场环境对产品及营销方法进行修改,以不同的营销方法出售差异化的产品,以适应当地文化环境,更好地满足当地市场的需求,从而提高产品的市场占有率。

企业国际标准化的程度越高,品牌具有的国际核心竞争力也就相应越强;而本土化程度越高,品牌在本地的适应性也就越强。我国企业在品牌国际化的过程中,必须考虑标准化和本土化两个方面的压力,根据具体情况有步骤地采用适合自己的品牌国际化模式:标准化能带来规模效应,但是纯粹的标准品牌国际化要谨慎使用;拥有国际竞争力且品牌容易发挥规模效应的企业,应该注重品牌的标准化和品牌本土化压力,选择模拟品牌本土化模式;当目标市场贸易和分销体制的影响巨大时,适合采取体制决定的品牌国际化模式;针对目标市场经营难度的不同,选择不同的品牌国际化模式,以便将品牌模式与国际市场上的环境相匹配。

总体而言,企业可以选择国际战略—全球战略—跨国战略的路径,通过标准化而实现成本的最小化和生产效率的最大化,最终在全球领先。相反,企业也可以选择国际战略—本土战略—跨国战略的路径,通过在不同国家市场本土化而实现顾客满意度的最大化,从而在全球领先(见图 1-10)。

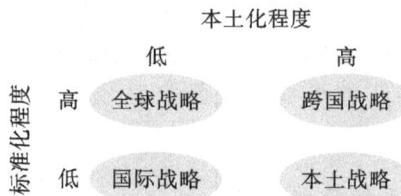

本土化程度

	低	高
高	全球战略	跨国战略
低	国际战略	本土战略

标准化程度

图 1-10　标准化与本土化战略路径

2. 原产地效应

原产地效应即品牌原产地效应,又称为原产地形象,是指由于进口商品原产地的不同而使消费者对它们产生了不同的评估,从而对进口商品形成的一种进入当地市场的无形壁垒。原产地形象是产品的原产地影响消费者对产品的评价,进而影响购买倾向。

国际市场上营销的品牌带有原产地概念,即它来自哪个国家或地区,学术上把品牌所来自的国家或地区称作"原产地(country of origin,COO)",一般含义是"××制造(made in ××)"。品牌原产地影响消费者对品牌的评价,进而影响购买倾向,我们称这种现象为"原产地效应(COO effect)"。品牌原产地形象与品牌信念和品牌购买意向均呈正相关关系,但品牌原产地形象与品牌信念间的相关系数大于品牌原产地与品牌购买意向间的相关系数。

最初,品牌原产地研究集中于某国或某地的生产与制造引起产品质量的差异,进而影响购买倾向。因此，最初将"原产地"概念等同于"制造地（country of manufacturing，COM）"。后来，跨国公司"组装"盛行，生产制造全球化导致"杂交"产品（hybrid product）出现，即产品可能在其母国设计，但不在母国制造，产品配件来自世界多个国家。"杂交"产品使"原产地"概念复杂化，有研究把"原产地"进一步分为"制造地""设计地（country of designing，COD）""组装地（country of assembling，COA）"。

由于品牌在全球的影响力不断增强，品牌对消费者品质评价和购买选择的影响力远大于产品制造地或设计地。因此，有研究主张用"品牌原产地（country of brand，COB）"代替"产品原产地"。"品牌原产地"指品牌最初是在哪个国家生长和培育的，或称为生产厂商品牌的国籍。一般而言，品牌所属的公司总带有母国概念，如尽管索尼后来把总部搬到美国，但消费者仍清楚它是日本品牌；IBM品牌在全球营销，消费者仍认为它是一家美国公司。当然，也有例外，如ABB公司，它由瑞典的阿瑟公司（Asea）和瑞士的布朗·包维利公司（Brown Bovefi）合并而成，但总部在苏黎世；又如联合利华，它由一家英国公司和荷兰公司合并而成，总部在布鲁塞尔。不过，从统一经济体角度，把ABB和联合利华的原产地称为"欧洲"应没有歧义。随着更多类似欧盟经济体的出现，原产地的国家概念会趋于淡化，可代之以经济体作为品牌原产地。

结语

虽然跨境电商的崛起是近几十年的国际市场趋势，但市场营销学的经典理论与最新研究成果对跨境电商仍然有巨大的指导作用。因此，跨境电商企业应当在企业经营哲学、市场战略、战术操作层面制定相应的管理手段，以延长企业的生命周期。

目前，多数跨境电商企业仍无暇顾及品牌的建设。品牌的概念与外延不仅适用于传统企业，也适用于跨境电商的产品、店铺与平台。因此，企业应当在品牌精髓、核心识别、延伸识别等层面不断增加品牌资产。

建设跨境电商品牌，不仅要注意个性化塑造和当地市场的文化差异，还要在标准化与本土化的两难选择中找好平衡，并且克服原产地效应。

改革开放后，我国利用劳动力低成本优势，积极参与国际分工与国际经济大循环，市场和资源"两头在外、大进大出"，通过产业不断升级提高在全球价值链中的位置，逐步成长为"世界工厂"。在外部环境发生深刻复杂变化、世界经济持续低迷、全球市场萎缩、保护主义上升的背景下，从被动参与国际经济大循环转向主动推动国内国际双循环，加快形成以国内大循环为主体、国内国际双循环相互促进的新发展格局，是在一个更加不稳定不确定的世界中谋求我国发展的大战略，是适应内外环境变化的重大战略调整。

跨境电商作为新兴业态，在国内国际双循环发展战略中，将占有重要地位，企业应当顺应趋势，充分利用好时机，树立属于中国自己的品牌。外国企业也应当利用好天猫、京东等平台，努力拓展中国市场，与中国经济共同成长。

关键词

跨境电商品牌营销；完全竞争市场；消费者决策模型；顾客满意度；价值共创；STP

战略;营销组合;营销短视症;品牌资产;品牌核心价值;品牌识别;有效沟通;品牌性格;数字品牌;标准化;本土化;原产地效应

思考题

1. 跨境电商品牌营销与传统商业经营有何异同?
2. 为什么跨境电商也要重视品牌?
3. 跨境电商品牌营销有怎样的经济社会意义?

第二章
跨境电商消费行为

学习目标

1. 消费行为理论基础；
2. 跨境电商消费心理因素；
3. 跨境电商产品选择机制。

导入案例

Allbirds

近年来，炒鞋已不仅是少数品牌拥趸的爱好，更成为一种"火出圈"的经济社会现象，限量版球鞋往往能溢价数倍甚至数十倍。但是，并非所有的鞋都具有炒作的潜力。在耐克、阿迪达斯等国际品牌占据强势地位的运动鞋市场，想要获得消费者的青睐，可谓难于上青天。

最近几年，一个设计感平平、造型老土，甚至被一些运动鞋爱好者戏称为"奶奶鞋"的品牌——Allbirds 不胫而走。上市不久，其就迅速获得消费者意见领袖的好感，对产品风格与质量极度苛刻的硅谷人士，包括谷歌联合创始人、苹果公司首席执行官等人，甚至还有美国前总统，都成为该品牌的爱好者。

该品牌的诞生其实非常简单。来自新西兰的足球明星蒂姆·布朗（Tim Brown）和生物科技工程师、可再生材料专家乔伊·茨威林格（Joey Zwillinger）想制作出与众不同的鞋子。和靠花哨吸引眼球，以及浮夸的 Logo 标榜身份的传统做法不一样，Allbirds 崇尚极简，产品没有大 Logo，也没有显眼的设计或浮夸的商标。这只是一款舒适至上的鞋子，天然制作，实用设计。

Allbirds 的关注点并非是运动鞋的外在轮廓以及选择数量，而是使用材料的创新。告别了更便宜的人造替代品，它选用的是天然且可持续的新西兰美利奴羊毛，这也造就了其"舒适、轻、透气、环保"的产品卖点。所以，它穿上脚也无法产生像耐克鞋、阿迪达斯鞋那样让人一眼认出的效应。

同时，跟耐克、阿迪达斯动辄几百双鞋的选择不同，Allbirds 的当家产品只有两种鞋型——跑步鞋（runner）、懒人鞋（lounger），这反而有效解决了消费者的"选择困难症"，有时候，少即是多。

另外,与传统零售不同,Allbirds 成立后的很长一段时间只做线上零售,偶尔配合一些快闪店来做品牌曝光以及市场测试。没有中间商赚差价,直接卖给消费者,也的确给 Allbirds 带去了实打实的好处,原本给中间商的钱间接得以返利给消费者,也保证了自己对产品制造、营销端到端控制,甚至更能直接接收到消费者的反馈并及时做出相应的调整。

短短数年时间,Allbirds 从最开始的一个孵化众筹项目,到 2021 年估值达到 22 亿美元,称得上是近年电商领域里的明星公司。这家新兴鞋履品牌的野心却没有在此止步。2019 年,Allbirds 进入中国市场,时值疫情,公司还为武汉的医务工作者捐赠了一批鞋款。为了让更多消费者熟知,Allbirds 还邀请奥斯卡影帝莱昂纳多·迪卡普里奥拍摄产品视频。其实,莱昂纳多并不是 Allbirds 的品牌代言人,而是它的投资人。不过即便是一家独角兽企业,它来到中国不免也要面对挑战:该如何拿下中国市场?电商平台和线下店铺如何共存?Allbirds 品牌在美国的成功经历也可以适用中国消费者吗?

思考题:

1. Allbirds 为什么会在网络上迅速走红?
2. 小型电商企业在国际市场上往往在品牌环节处于弱势,这与消费行为有关吗?

第一节　消费者行为理论基础

一、认识消费者行为

消费者行为是个体、群体甚至社会阶层为满足需求与欲望而进行信息搜寻、挑选、购买、使用或处置产品、服务、观念或经验所涉及的过程。消费者行为学结合经济学、心理学、社会学、人类学、市场营销学等学科的观点,综合分析买家的决策过程。

例如,个体的瞬时情绪可能影响购买行为。无论北美还是中国,年末都有大量的电商促销活动。在"黑色星期五"或"双 11"期间,消费者购买数量与习惯都与平时大相径庭。他们真的需要这么多产品吗?为什么会购买许多根本用不到、事后后悔不迭的产品?

再例如,消费者行为学也关注人口结构对消费产生的影响。随着超老龄化社会的逐渐形成,欧洲消费者变得更加理性、节俭,以往追求奢华、排场的消费习惯已经逐渐被高储蓄率、勤俭节约所代替。

另外,消费者身边的社交圈也会对消费产生影响。以日本、韩国消费者为例,韩国消费者会非常在意他人如何看待自己的消费习惯与选择,因此会在互联网社群中大量搜索相关信息,由此进行消费决策;而日本消费者则相对关注品牌的原产地,以及这些品牌与自身身份的关联。

每一个人都是消费者,而每个人的每一笔消费,都会受到不同因素的影响。这些影响因素有的可能非常宏观,如历史传统、地理因素,而有的则非常具体,如当时的心情或手中的可支配收入等。换言之,消费者的每次消费决策,都可能是一个独特、转瞬即逝、可能再次使用的心理机制。

为了解释这样的现象,消费者行为学提出了"消费者黑箱"的比喻。所谓黑箱,是指无法分解以直接观察其内部结构的系统。因此,其中起到作用的自变量、作用机制、作用路径等都无法准确描述。消费者黑箱则是指消费者在受到外部因素刺激后所产生的心理活动过程和相应决策。在市场营销学中,认识消费行为的重要模型就是消费者黑箱理论。由于对企业、营销人员而言,消费者的心理活动和决策过程无法直接观察,即使采用调研、实验、访谈等研究方法,也并无把握准确描述,因此其被称为消费者黑箱。

从企业角度而言,对黑箱中的机制路径加以研究,能够揭示消费产品的原因、时机、场合、数量、方式,以及为何拒绝消费的各种理由。企业在产品开发与销售过程中,对自身产品的价值、价格、渠道等相对能够把控,消费者购买的数据也能够在一定程度上逆推企业管理中的得失。但是,消费者究竟以怎样的机制进行决策却无从知晓。因此,现代市场营销学的一个主要任务,就是如何进一步构建消费者黑箱理论和验证其机制。

对消费者黑箱的解读是一把双刃剑。一方面,对黑箱的解读,能够极大程度减少企业不必要的成本,如宣传成本、定价、新产品开发等。而且从理论上讲,也能够提升消费者满意程度。另一方面,黑箱中可能涉及很多与消费者隐私有关的信息,如收入、偏好、记忆、嗜好、消费习惯等。对于电商而言,最为常见的一种方式就是公开或私自收集消费者信息,为消费者画像,从而更为精准地预测某一位消费者在打开购物 App 时可能产生哪些偏好,这样的做法游走在法律与道德的边界,并不是一种可持续发展的营销管理手段。

简言之,虽然消费者黑箱理论众人皆知,但解读跨境电商消费行为,并以解读结果指导企业营销战略,这样的任务对于身处一日千里的跨境电商行业的广大从业者而言,仍然是巨大挑战。本节接下来将简略回顾消费者研究的学术脉络。

二、消费者研究概览

作为现代主义的典型理论,实证主义强调具有效度与信度的事实和依据,从具体实在、可反复验证的观点或理论出发,提供实际、精准、可信的知识。实证主义认为,经验是真实世界的出发点,超出经验的观点与看法并不可取。

从古典经济学的个体经济利益最大化基本假设出发,以实证主义为基本理论的消费研究假定消费者为理性人,主要通过调查、实验、观察等方法,通过在总体中抽取合适的样本进行描述、测量和分析,通过收集数据进行统计分析,并得出统计学意义上显著的结果,从而对现行的营销战略、营销组合等做法加以修正或确认。换言之,可以将消费者比喻为一架精密的机器。在输入端发出特定指令(如促销、社群关系维系),消费者会相应在输出端做出反应(如购买、加入会员),因此实证主义可以解释消费者黑箱。

由于实证主义消费研究的结论认为消费具有一致性、稳定性,通过分析外部刺激的作用机制,就能预测消费者的动机、决策与行为,因此能够为营销管理提供较为容易遵循的指导意见。从实证主义角度出发,自 20 世纪五六十年代以来,实证主义主导着消费研究。但随着技术水平的提升和可支配收入的增加,消费行为变得日益复杂。例如,当汽车工业刚刚兴起时,消费者只需要一辆价格合理、质量可靠的汽车就满足了。但随着竞争日趋激烈,从卖方市场转变为买方市场,消费者变得挑剔,更加看重安全性、设计感、品牌历史等,消费行为因而变得比较难以预测。因此,自20世纪90年代开始,学术界开始反思实证主义范式是否应当占据消费者研究主流。

因而,非实证主义范式逐渐被学术界所接受。作为其中的代表,后现代主义的典型理论——解释主义认为,消费行为并非是简单的成本与收益的等式计算,而是每一次消费过程中个人体验、感触、情绪的集合。因此,外在刺激只起到次要作用,起到主要作用的是消费者内在的主观价值体系与观点总和。

解释主义的基本假设是,每个个体具有独特的人生经验与思想,具有自我意识,能够结合自身感受和客观环境为每一次消费赋予独特的意义,而赋予的意义决定了消费行为。并且,消费行为作用于社会,而社会环境的反馈又反作用于意义的维持与更新。例如,解释主义消费研究会认为,人们在类似"双11"这样的购物季大量消费,每个人的出发点不尽相同。比如,一位消费者的做法可被诠释为自我实现:旅行社推出新年旅行计划,可以前往梦寐以求的海外旅行目的地。另一位消费者则可被诠释为无私付出:心仪多年却价格高不可攀的一架施坦威钢琴,在此次购物季中突然大幅降价,因此可以给女儿最好的练琴体验。两位消费者在购物季的消费,可能在事后得到朋友、亲人的交口称赞,因而会强化自身的价值与认同感,从而在下一个购物季进行另一种自我实现或亲情付出。因此,解释主义、后现代主义消费研究着眼在消费者通过每一笔消费来与自身的生活环境进行互动,提升自我的价值,甚至重新赋予生活的意义。

另外,我们还需要从批判主义角度深刻理解与审视消费行为。马克思主义对于消费有鞭辟入里的启示。个体与群体的消费观念应当有正确的引导,否则企业短期的成功不仅无助于企业长期发展的战略,而且还有可能对消费者的身心健康与经济发展带来危害。消费政策应当倡导甚至要求可持续消费,避免资源的无谓快速消耗、环境破坏和企业对"污染避难所"式的经济模式的依赖。消费理念也应当从炫耀性消费转向为照顾到他人和社会整体需求的消费观,减少社群间的误解与矛盾,促进全社会和谐发展。

本章的剩余篇幅将尝试从心理与社会等角度进一步解释跨境电商消费行为的典型特征。之后,结合本章所探讨的理论基础,对跨境电商产品选择相关消费行为加以分析。

第二节　消费心理

对消费心理的解读将贯穿整部教材。从消费者黑箱理论出发,直接作用于消费行为的因素就是心理因素。换言之,无论任何历史、社会、文化、家庭等因素对消费者施加影响,实施路径必然通过某种心理机制。因此,了解消费行为的最直接方法就是揭示消费心理。

心理学中的认知、意识、人格、记忆、人际关系等均与消费息息相关,而本节将从消费者对外界刺激的回应出发,探讨自我意识的作用,并解读个体如何利用消费行为作为对刺激的反馈,并与外界进行互动。

一、消费的认知与情感

以宝洁公司为例,宝洁公司总部位于美国俄亥俄州辛辛那提,全球员工约 14 万人,生产清洁剂、个人护理等日用品。虽然宝洁公司的全球品牌号召力很大,但其发展历史上也遇到过消费心理的难题。宝洁管理者发现,随着其他竞争对手的出现,宝洁洗涤剂的市场份额逐渐下滑。因此,宝洁尝试了降价促销、增加包装容量等营销管理中的常见方法,但市场表现却并未改观。

百思不得其解的市场调查人员经过深入访谈与悉心思考,发现了影响消费者的心理机制。大多数购买宝洁洗涤剂产品的消费者是家庭主妇,她们虽然对价格变化很敏感,对于大包装产品带来的实惠也并不反感,但日复一日的家庭劳作让她们在潜意识中对洗涤剂产生了厌恶。因此,无论是价格的微调还是产品量的改观,都不足以抵消这种厌恶,引起她们的好感。

因此,宝洁调整了战略,将价格、容量的调整搁置在一边,通过进一步实验和研究,对产品的气味与质地进行了调整,尤其是在洗涤剂中增加了令人身心愉悦的香氛。这样一来,单调乏味的洗涤工作变得更加宜人且有仪式感。消费者通过消费行为,不仅陶冶身心,而且品牌忠诚度更高,更加乐于将品牌推荐给他人。

宝洁产品的改良是利用消费中出现的认知与情感的典型案例。认知是指人们加工信息的过程,包括感觉、知觉、记忆、思维、想象和语言等。认知改变消费体验的机制是多层面的。首先,消费者通过感知来接受消费所带来的外部刺激。所谓感知,是指人通过感受器(五官、四肢、皮肤等)对光线、色彩、声音、气味、质地等基本刺激的直接反应。其次,消费者凭借知觉对感觉阶段接收的信息进行选择、组织和解释。知觉有几个特性:整体性、恒常性、意义性、选择性。例如,即使消费者昨天与今天都品尝到了配方、温度、口感完全一样的咖啡,却因为昨天一帆风顺,今天丢失了手机,因而对今天的咖啡味道评价颇低。最后,消费者将消费经验进行评估,赋予意义,并存入短期和长期记忆,以指导未来的消费决策。

认知将如何影响跨境电商消费习惯?以美国流媒体巨头网飞(Netflix)为例。2021年全球疫情肆虐,很多消费者在闲暇之余,选择宅在家中看电影打发时间,网飞的净利润也实现了大幅增长。

消费者的传统习惯是到影院看电影。当今时代,人们的娱乐方式层出不穷。但如果一部作品能够让观众抛下与亲人在温馨的家中相聚的美好时光,而与素不相识的陌生人挤在昏暗逼仄的影院中,其背后必然有电视、电脑和手机无可替代的价值。

通常情况下,电影院光线昏暗,座位狭窄,甚至通风不良,观众噪音不断。从理论上讲,观影效果肯定远不如消费者在自家客厅随意切换频道、任选作品、暂停播放处理其他问题等。但从认知心理学角度解释,正因为消费者的嗅觉、触觉等感触不佳,加上影院内别无他物,仅有屏幕和大型音响,消费者的视觉与听觉体验将加倍敏锐,生怕错过任何细节,因而对大银幕上的故事的欣赏效果更加深刻,因此消费体验远远超过在自家舒适宽敞的客厅观赏同一部作品。

除去疫情的因素,网飞如何能够战胜电影院无与伦比的价值?流媒体订阅相比其他娱乐方式最大的好处,就是能够与亲友共享消费体验。虽然没有大银幕,在家中观赏全球最新的剧集,成了最好的休闲与社交方式,因此消费者可能对于电影院和网飞在认知过程中赋予完全不同的意义,在记忆中所留存的价值分类也迥然不同。电影院与网飞消费体验的不同,正是传统行业与跨境电商之间的不同。

跨境电商同样需要了解增强现实与虚拟现实的重要性。增强现实(augmented reality,AR)是指通过对摄影机的机位及拍摄角度进行精确计算,并加入图形分析技术,使屏幕里的虚拟世界场景与要素能够与现实世界场景与要素进行结合与互动的技术。虚拟现实(virtual reality,VR)又称虚拟技术,也称虚拟环境,是利用电脑模拟产生三维空间的虚拟场景,为用户提供视觉模拟体验,令用户仿佛身临其境,用户可以即时、自主观察三维空间内的所有事物。用户进行位置移动时,计算机可以同步进行后台运算,反馈三维影像的变化。VR 技术集成了计算机图形与仿真、人工智能等技术,具有较高的科技含量。随着随身电子产品运算能力的提升,增强现实与虚拟现实的用途也越来越广。

基于互联网的跨境电商市场空间巨大。对于普通消费者而言,浏览跨境电商网页或 App 界面时,很难从诸多产品选择中一眼发现适合自己需求的产品。即使通过阅读产品评论、与销售服务人员一对一问答,消耗大量时间,也不能保证所见即所得。从消费者认知的角度看,浏览成百上千产品图片与文字描述,会让消费者的认知资源,如注意力、判断力、自我控制力、认知带宽等迅速枯竭,最后只能选择销量最高的产品,草草下单。这使得销量排名靠前的产品迅速爆红,而后续大多可能同样具有购买价值的产品则无人问津,造成巨大的资源浪费。

因此,在 Web 页面上展示 3D 产品,在 VR 场景中展示 3D 产品,以及在 AR 场景中摆放 3D 产品,消费者可以非常舒适便捷地查看 3D 产品,置身虚拟购物环境或者增强现实环境之中,为用户带来沉浸式的或者增强现实的交互购物体验,从而增强消费者的购买欲望,扩大跨境电商的贸易额。

消费者认知的另一个重要领域是学习(learning)。个体可通过直接体验或观察进行学习。个体的学习过程可以从行为、认知等角度进行理解。行为学习理论认为学习是外部事件引起的反应。刺激泛化(stimulus generalization)是利用条件反射原理产生反应。因此,如果某个产品成为爆款,市场份额很高,对于其他竞争对手而言,另辟蹊径可能并不是最优解,模仿与适度创新才能在市场中稳步发展。

从认知心理学角度出发,学习是由经验引起的相对比较长久的行为改变。影响消费者购买决策的一个重要因素,是产品使用是否涉及大量学习任务。倘若消费者在选择购买手机时,某些产品需要消费者具备大量的专业知识,甚至进行一定的安装、设置等专业性很强的操作,绝大多数消费者将望而却步。但另一些产品则尽量简化用户体验,只需要最基本的操作,就可以掌握大部分功能。可以想见,这样的产品必将获得不同年龄、不同教育背景人群的追捧。

因此,在开发产品时,不宜一味强调产品的功能性与复杂性。相反,应当将新奇、有趣、建设性的要素添加到日复一日的消费体验中。这不仅是享乐性的目的,对于学习过程而言,趣味性能够极大激励学习者的动机与投入。因此,无论是国际航班的积分计划,还是将枯燥难懂的电子产品说明重新制作为简单活泼的动画视频,都是通过提供一种认知奖励,而在潜意识中提升用户的购买意愿和满意程度。

对于品牌管理而言,最重要的是在消费者记忆中形成积极、可信、有价值的形象。因此,有必要了解和掌握记忆形成的机制,见表2-1。首先,在接受信息的瞬间,消费者主要依靠瞬时记忆产生对特定信息的注意。在这一阶段,图像与声音是最有效地加深记忆的方法。因此,对于跨境电商而言,制作出具有美感与实用性并存的产品介绍照片或海报,并配以相应的背影音乐或解说音频,能够起到事半功倍的效果。

表2-1 记忆的机制

分类	名称	时长	容量	编码	影响因素	转化
记忆 保持 时长	瞬时记忆	0.25~1秒	较大	图像、声音	模式识别、注意	
	短时记忆	<1分钟	7个组块	视觉、听觉	觉醒状态、组块	注意
	长期记忆	>1分钟	无限	语义、意象	编码时的意识、加工深度	复述

其次,在形成注意力后,消费者不一定会立即下单。通常而言,消费者会浏览数个甚至数十个网页来比较类似的产品,并在短时记忆中对心仪的产品加以比较取舍。由于短时记忆不能容纳太多的单元,新选择纳入后,消费者势必会放弃之前的注意对象。如果此时产品和品牌不能加深记忆,就会与消费者失之交臂。因此,在这一阶段,品牌应当注重图像与声音不仅要醒目、简单,而且要能够令消费者轻而易举地将产品形象吸纳进自己脑海中的语义系统。例如,消费者在浏览耳机时,大多数品牌都强调音质、续航时间等,而其中一个品牌更多地将耳机的外形与消费者的衣着、品味、身份相联系,这样一来,消费者就很容易将该产品特别编码为"适合我的产品",而其他产品统一编码为"也不错,但泯然无趣",从而对该产品青睐有加。

最后,品牌管理希望能够在长期记忆中保持稳定的正面形象。长期记忆的特点是无带宽和空间限制,但可能会随着时间流逝而逐渐消亡。个体在长期记忆中不容易对所有具体的声音、图像细节进行记录,而是对某些元素的意义印象深刻,甚至人为进行加工,导致记忆与现实往往有所偏差。在这一阶段,品牌要注意不断延续自身的语义系统,从而令消费者产生"该品牌对于我的人生或事业有特殊意义"的主观感受。小到服装、电器,大到住宅、教育,消费者会不断调取长期记忆来辅助自身的决策。

因此,著名品牌往往会强调"讲故事"的方式来提升品牌资产。通过简短、独特的品牌叙事,就可以在消费者的长期记忆中不断加深对品牌的良好印象。但对于大多数新晋品牌而言,"讲故事""谈情怀"似乎并不能起到良好的效果,这并非是信息内容本身出了差错,而是因为品牌并没有在消费者长期记忆中留下显著的锚点信息,因此无法打动消费者。

在科技发达、社会发展日新月异的今天,很多品牌会以怀旧作为卖点。怀旧指对过去时光的怀念与憧憬,因此记忆通常会被美化,变得过于理想化而不现实。个体往往会将温暖的回忆、特定活动或者私人珍藏联系在一起。人无法返老还童,因此总认为过去的时光比现在更加单纯美好,也相信过去的生活压力更小,人际关系更简单,消费也更有仪式感和诗意。无论是书籍、电影还是流行音乐,无不经常挑起读者或观众的乡愁情绪。

对于品牌而言,怀旧往往代表着苦乐参半的情感,而记忆中的产品代表稳定、简单、理想化,因此对于产品的不足往往更加包容,甚至将这些不足看作其怀旧的独特品质。由于消费者过去的经历决定现在的喜好,将产品与过去联系,与同一时间段的诸多竞争对手相比,要更容易获得消费者的喜好。但同时,也应注意怀旧所带来的局限性。如果消费者在长期记忆中将某个品牌归类为怀旧型,那在考虑其他类型消费的时候,可能就不会把该产品列为首选。

怀旧只是人类诸多情感体验中的一种。在消费行为中,情感扮演非常重要的角色。情感是态度这一整体概念中的一部分,它与态度中的内向感受、意向具有协调一致性,是态度在生理上一种较复杂而又稳定的生理评价和体验。情感包括道德感和价值感两个方面,具体表现为快乐、愤怒、爱情、幸福、仇恨、厌恶、美感等。

需要辨析的是,人们日常热衷讨论的情感,其实是指情绪,指情感的个体主观体验。例如,同样是购买了带有瑕疵、价高质次的进口产品,有的消费者会不断打电话投诉,如果得不到满意的解决办法,甚至会怒不可遏,在社交媒体不断发酵此事,而其他消费者可能会向亲朋好友告知消费体验,并将该品牌或平台束之高阁。同样是表达失望的情感,这两种人体验了非常不同的情绪。而在学术研究中,情感则是用来描述感觉、情绪等主观体验的总称。另外,个体有时会体验不同的心情,心情的波动较为细微,持续时间比情绪长久,情感状态无法用具体的概念(如欢乐、悲伤)描述,只能大致分类为心情好或心情不好。

二、消费动机

消费行为是如何与情感产生联系,又是如何互相促进的? 消费背后必然存在着消费动机。动机是指引导人们做出行为的心理过程,动机激发和维持个体的行动,并为行动导向某一目标提供心理倾向或内部驱动力。

动机可分为功利性和享乐性。例如,某位消费者在跨境电商网站上购买了大量零食。如果该消费者勤于锻炼健身,而该零食的特点是高蛋白、低热量,能够饱腹的同时又为机体提供活力,则购买动机是典型的功利性。而另一位消费者在同一平台购买了同样的零食,但理由是这种零食口感清甜,便于携带,又能在社交聚会上得到朋友的赞誉,则购买动机是典型的享乐性。

在现实中,消费者永远要面对趋向(promotion)和回避(prevention)的二元选择。趋向的含义是追求正面结果、积极情绪,而回避的含义则是避免负面结果、消极情绪。下面以跨境电商的一种典型服务业——国际旅游为例。夫妻二人在为即将到来的假期筹划出国旅行。妻子非常心仪去欧洲观光,品尝地道的西餐美食,观赏古色古香的城堡与教堂,在瑞士滑雪,在巴黎庆祝结婚纪念日。如果二人选择了欧洲行,则对妻子而言,就实现了趋向-趋向的组合,即个体动机与消费内容的契合。但同时,丈夫已经辛苦工作一整年,对于长途跋涉远赴欧洲、复杂的签证海关手续、倒时差的痛苦、高昂的消费、人头攒动的大都市心生排斥,他非常渴望到一个风景优雅、人迹罕至的海滩度假胜地放空内心,和妻子度过悠闲的时光。如果二人选择了东南亚小岛,对于丈夫而言,就实现了回避-回避的组合。但可以想见,无论是选择巴黎还是东南亚小岛,夫妻中至少有一人将无法避免趋向与回避的统一,因此很可能出现情感的冲突,冲突必然孕育认知失调和情绪变化,因而影响消费决策。

虽然动机与情感无法做到时时刻刻都统一,但深刻认识情感,有助理解情感在消费中起到的作用。情感可大致被分类为积极和消极两种,积极情感包括爱慕、勇敢、满足、幸福、自信等,而消极情感包括冷漠、焦虑、孤独、忧伤、挫败等。积极情感对消费的促进作用显而易见:体育品牌可以强调运动员勇敢,挑战极限,高档手表可以凸显职场人士的自信,化妆品则代表消费者珍爱美好所带来的幸福感。同时,消极情感也能够在消费中起到决定性作用:大众对于环境的冷漠可以促使消费者选择更加绿色环保的化学品;子女对于成长的焦虑能够提醒家长选择独特的礼品,鼓励孩子的健康发展;都市人群的孤独感也能够帮助消费者选择与社交有关的产品,如乐器、供双人或多人竞技的电子游戏等。

品牌忠诚度指消费者以回购、口碑、社交媒体分享等方式使用或支持品牌,反复购买产品与服务的积极行为。需要注意的是,品牌忠诚度有时可能不能够保证消费者的回购。例如,消费者可能由于客观因素限制(如购买较为困难),又或者可能暂时不具备购买条件(可支配收入突然下降),常常会选择其他品牌。

较为纯粹的品牌忠诚度,是指消费者体现出对品牌的高度认可,并且当竞品具有相似甚至更高的性价比,仍然选择该品牌。例如,如果消费者中意某个德国品牌的啤酒,即使购买这一品牌需要驱车前往很远的超市,或者在电商平台下单后等待很长时间,而且价格不菲,而其他品牌的产品在楼下的便利超市俯拾即是,口感同样清冽怡人,价格更加便宜,消费者依然选择该啤酒品牌。

消费者为什么会体现出如此纯粹的品牌忠诚?较为普遍的解释,是消费者与品牌产生了较为牢固的情感联系。以图2-1中排名第四的达美乐比萨为例。图2-1中的多数企业都属于互联网经济,只有达美乐属于最传统的餐饮行业,而餐饮行业的竞争激烈,消费者转变品牌选择的行为非常普遍。达美乐比萨进行了一系列消费者情感因素的培养,首先,与大多数竞争对手局限于传统的电话订餐不同,达美乐很早就完成了全平台订餐建设,无论从手机还是从电脑上订餐都非常便捷,吸引了年轻一代的消费者。其次,达美乐也较早使用了积分制度,订购越多,后期的折扣越优惠,这对于热爱快餐食品的北美消费者而言非常诱人。再次,达美乐还开发了一些益智休闲手机游戏,只要通关,就能获得一份免费比萨,这正是消费游戏化、促进消费者学习动机的体现。最后,达美乐还定期进行抽奖,获奖消费者可以获得少量公司股份。虽然股份数量很少,实际的货币价值不高,但令消费者感觉成了企业的一部分,与企业的关系进一步拉近。所有这些举措,都加强了消费者与品牌的情感联系。

2021 Customer Loyalty Leaders   marketing charts

Brand	Category	2021 Rank	2020 Rank
Amazon	Online Retail	1	1
Apple	Smartphones	2	4
Netflix	Video Streaming	3	2
Domino's	Pizza	4	5
Amazon	Video Streaming	5	3
Disney+	Video Streaming	6	7
Google	Search Engines	7	6
WhatsApp	Instant Messaging	8	9
Instagram	Social Networking	9	11
Nike	Athletic Footwear	10	12

Published by MarketingCharts.com in October 2021 | Data Source: Brand Keys

图 2-1　2021 年 Marketing Charts 品牌忠诚度排名

三、消费与自我

虽然品牌都可以从认知与情感两个方面设计适应地区甚至全球市场的产品策略,但购买毕竟是个体与品牌之间的二元关系。因此,消费者对于产品的评价还在很大程度上取决于对消费者自身的认识。自我概念(self-concept)是一个人对于自身特征的信念,以及对这些特征的自我评价。无论是中国古代哲学中倡导的"自知者明",还是古希腊罗马哲学提出的"know thyself",都说明对自我的认识,是个体与世界互动的起点。在消费中扮演重要角色的则是自尊(self-esteem),自尊指一个人自我概念的积极性。

消费与自我概念的关系至少可以从两个角度解释。首先,消费者可以通过他们的拥有物来获得身份认同,作为扩展自我的一部分。除了极少数能够在精神世界获得极大身份认同的个体(著名科学家、音乐家、文学家、运动员等),大部分普通民众的日常生活都被物质需求所充斥。换言之,随着经济发展水平不断提高,消费者会将消费内容与经验作为界定自我概念的重要方式。例如,无论是奢侈品牌还是带有校徽的名校周边产品,其实都是作为消费者自我概念和自尊的延伸而存在。

其次,对于跨境电商而言,另一个角度则更值得探讨。随着脸书创始人马克·扎克伯格提出元宇宙的概念后,虚拟世界的重要性和经济价值又一次得到全社会的广泛关注。在互联网和虚拟现实中,个体很容易建立数字化的自我概念。从最简单的图片视频分享到系统化的虚拟身份,消费者可以不受到现实条件的约束,较为自由地表达自我意识与主张。跨境电商的兴起,其实从某种程度而言,正是反映了消费者不满足于在自己较为有限的物理生活半径中采购和消费,而是转向横跨整个世界的网络购物平台来满足自身对自我表达的需求。假如在日常生活中消费者被高昂的物价和稀缺的商品所局限,但在虚拟世界中可以通过寻找表达自我与自尊的方式,则很容易将消费重点放在虚拟世界中的自我建构上。

消费者对跨境电商产品的态度与购买决策,不仅取决于其自我意识以及购买情境中的情绪状态,还取决于他们的个性表达以及生活方式的选择。个性指个人对待周围环境与人群的态度,并由行为加以实现。个性虽然因人而异,但个体所处的社会环境对于个性的形成会产生重大影响,也因此体现了历史、文化、宗教等背景在个体中的传承。

一般而言,个性与生活方式体现在以下四点:个体如何对待现实,在现实中展现怎样的意志,面对意志得以表达或者受挫后出现怎样的情感状态,以及面对难题与挑战时展现的理性与智力。由于个体在这四个方面的表现不尽相同,为了了解消费者所展现的个性的来源,学术界提出了一些测量工具,用来描述个性差异的具体表现。

五大性格特质(big five personality traits)(见图 2-2),就是一种典型的性格特质分类方法,从 20 世纪 80 年代开始在心理研究中逐渐发展成形。利用性格测试数据,可以发现不同个体在这五个维度上的表现,因此能够更加准确地描述和预测个体在特定情境中的可能表现。因此,品牌管理也可以因势利导,通过目标消费群体的普遍性格特质,来塑造相适应的品牌形象与性格特征。

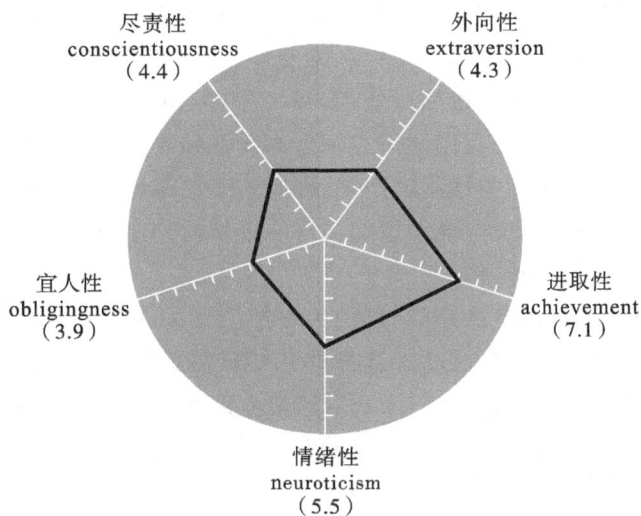

图 2-2 五大性格特质模型

例如,如果目标群体的性格特质中比较强调尽责性,认同对家庭、社会的责任感,那么品牌也应当强调对环境保护的重视,对弱势群体的关怀,以及对消费者身心健康的维护。典型的产品包括有机食品、新能源汽车、可再生纸品等。同理,假如消费者体现出较高的情绪性,那么品牌也应当突出在自我满足、自我实现、社交场合等方面的独特魅力,如体育用品、酒水饮料、休闲时装等。

无论古今中外,发达国家还是发展中国家,年轻一代都具有表达个性与追求新的生活方式的渴望。随着手机的普及,消费者可以不受时间地点的限制,随时随地浏览商品,下单消费。因此,跨境电商绝不能简单理解为将之前在线下销售的产品搬到线上即可,而是要悉心研究与揣摩消费者如何将自我意识、自我表达以及生活方式和线上购物联系在一起,并且开发相应的产品、服务以及相关细节,如支付方式、信息获取渠道、社交媒体等。

应当怎样理解生活方式与消费之间的关联?对于消费者而言,生活方式意味着将自身的喜好融入日常生活,尤其是休闲活动之中。为了维系和提升这样的喜好,需要将包括金钱、时间与认知资源等各种有限的资源进行合理花费,最终形成人、产品和生活情境的交互与共存。

第三节　跨境电商产品选择

跨境电商的出现给传统零售行业带来了新的机遇与挑战。近年来,消费者行为与生活方式更是产生了广泛而深远的变革。以中国跨境电商出口为例,对美国、新加坡、俄罗斯、英国、日本、韩国、德国等国家的出口额都取得了可喜的增长。同时,各国的产品偏好与选择也不尽相同。例如,美国消费量较大的跨境电商产品包括服装、家居、美容产品等,俄罗斯则是电子、家居和汽车产品,巴西消费者青睐的产品除了电子和家居产品,还包括娱乐产品。

如果将消费心理的相关理论加以应用,可以推断,由于美国的消费市场高度发达,本土企业众多,高附加值的产品倾向于在国内的线下和线上平台选购,而低附加值的服装家居类商品作为日常生活与休闲的调剂,则倾向于在跨境电商平台上选择;俄罗斯由于地广人稀,汽车产品从跨境电商渠道购买可能更加便宜便捷;巴西崇尚无拘无束的生活方式,因此娱乐产品更加热销。

但是,仅凭某些热销的产品品类,只能大致推测过去一年或几年的消费偏好,无法帮助企业更加深刻理解跨境电商品牌选择的各种机制。本节将从消费的前期、中期和后期三个阶段入手,分析消费者如何形成对跨境电商产品与品牌的偏好与消费行为。

一、前期:态度的形成

有一天,我接到一位朋友打来的电话。这位朋友最近开了一间出售印度珠宝的商店。她那儿刚发生一件不可思议的事情。她想,作为一名心理学家,我可能能够对这件事做出合理解释。这个故事是关于那些难以卖掉的绿松石珠宝的。那时正值旅游旺季,商店里顾客盈门。那些绿松石珠宝物超所值,但却怎么也卖不出去。为了把它们卖掉,她想了各种招。比如,把它们移到中间的展示区,以引起人们的注意,可还是不奏效。她甚至告诉营业员要大力推销这些宝石,但仍没有任何收效。

最后,在出城采购的头一天晚上,她气急败坏地给营业员写了张字迹潦草的纸条:"这个盒子里的每件商品,售价均乘以 1/2。"希望借此能将这批讨厌的珠宝卖掉,哪怕亏本也行。几天后,当她回到商店时,不出她所料,这批宝石果然全都被卖掉了。然而,当她得知由于营业员没有看清她潦草的字迹错将纸条上的"1/2"看成了"2",而以2倍的价格将全部珠宝卖掉之后,她惊呆了。

以上消费者行为的著名案例来自美国学者罗伯特·西奥迪尼的《影响力》——绿松石的心理效应。为什么物美价廉的首饰无人问津,阴差阳错涨价之后反而很快售罄?从上文中的消费心理出发,不难得出一些分析结论。绿松石色泽清雅,纹理细致,在中国、印度等国家拥有悠久的艺术文化历史,因而广受欢迎。但是,由于美国并没有类似的文化语境,仅作为众多宝石中的一种,因而在同样的价格下难以脱颖而出。换言之,消费者并不认为绿松石是理想的礼物或自我表达的象征。但正如书中所分析的,对于大多数消费者而言,很多产品的成本非常透明,因此很难产生品牌溢价,如瓶装饮用水、棉质衣物、普通家用汽车与电器等。但相对而言,另一些产品由于产地遥远,生产过程复杂,或者无法拆分一窥究竟,因此只能以价格来判断产品的质量与价值,如珠宝、食材、奢侈品箱包等。因此,当某一种商品的价格明显高于竞品,消费者的直觉判断就是该商品一定拥有无可替代的稀缺价值,因而产生积极态度与购买偏好。

无论是绿松石首饰的案例,还是跨境电商平台上热销的限量版产品,都反映一个基本事实,即便消费心理机制普遍存在,消费者对于产品和品牌的积极态度仍然是影响消费的首要因素。态度是由认知、情感与行为等三个要素共同形成的。首先,认知指消费者对产品和品牌的知觉、感知与理性评价;其次,情感是指个体如何感受产品和品牌,以及所产生的情感联系;最后,行为则指在认知与情感交互影响下付诸行动或按兵不动的意图。简言之,消费者的态度并非单一地由他们的判断、情感或行动计划所决定,而是由三种因素交互作用而来。

首先,个体普遍追求的是认知相符(cognitive consonance)。所谓认知相符,即个体所感知的两个或多个对象具有互相协调一致、互相兼容并包的特性。以此类推,心理学中的一致性理论、和谐理论等,都表达了类似的观点,分析或预测个体在接受并处理信息时希望达成内心的一致性而调整态度的原因。换言之,个体不断对外界的事物进行认知上的感知与理性评价,因此形成态度。态度之间可以相互独立存在。如果对于不同对象的态度能够协调一致,个体会感受到愉快、安静、顺利的内心状态,因而产生共同的积极态度。例如,某位消费者认为日常花费应当注重节俭,对奢侈消费持反对态度。同时,他对某国生产的水晶器皿情有独钟,但囿于其高昂的售价,仅仅保持着欣赏但从未考虑购买的态度。但今年购物季,他欣喜地发现,某些水晶器皿促销力度惊人,这时他对于两件事物的态度就出现了一致,从而形成了购买意愿。这就是认知相符的应用。

其次,相反的情况也普遍存在,即认知失调(cognitive dissonance),也就是说,个体所感知的两个或多个对象互相矛盾、无法兼容共存。由于认知对象所代表的意义、价值、语境等存在无法调和的差异,个体无法在内心中对二者产生一致的态度,消费者将产生厌烦、不快、前后矛盾的内心状态。例如,某位消费者对于某化妆品的套装非常满意,正打算付款的时候,却发现该化妆品邀请了某位明星作为代言人,而该明星恰好是这位消费者不太欣赏的。该消费者思前想后,始终无法劝说自己购买该产品,最终忍痛割爱,选择了价格与功能类似的竞品。这就是认知失调带来的后果。

跨境电商应当如何利用认知相符与失调,从而影响消费者态度的形成呢?态度的形成与调适过程是迅速而下意识的,个体既不会明确意识到,也很难强行改正态度。态度调适的来源,首先来自个体与外来信息,包括个体对于外来信息的态度,个体对信息内容的态度,以及信息对于其内容的自身判断。例如,消费者在某个跨境电商网站上点击了一个以奢侈名牌促销打折为卖点的商家。首先,该消费者对于跨境电商平台上的奢侈品持普遍的怀疑态度。但是,商铺正好在出售该消费者期盼已久却在实体店中售罄的限量款产品,因而消费者产生了一定的迟疑与动摇。然后,消费者查看了权威机构对该商家的信誉的评价以及用户评价,发现好评较多,因此陷入了认知失调。随后,商铺提出了七天无条件退换的条款,消费者认为机不可失,于是改变了之前的迟疑态度,果断下单。

消费者态度的形成,不仅取决于信息本身,而且也取决于信息的强度。由于认知失调会带来消极的心理体验,为达到内心的平静与和谐,消费者会从内部产生动力去调整对不同对象的态度,把对某事物的否定(跨境电商的奢侈品)转为肯定(可退可换,试试无妨),或把对某事物的肯定(实体店最可靠)转为否定(实体店货源有限,价格更高),或者虽然不进行定性的改变,而仅仅是降低或升高态度的强度。例如在本章开头提出的案例中,某体育运动爱好者是耐克的忠实拥趸,在第一次听说 Allbirds 品牌时可能不会改变其态度。但周围越来越多的人购买后进行了积极的评价,因而他对该品牌的态度有所改变。最后,当他得知他最赞许的某位企业家或者运动员也成为该品牌的忠实顾客后,因而也变得愿意尝试,这是信息强度带来的影响。

除了信息本身的内容与强度,信息提出的来源、时机、呈现方法等也至关重要。换言之,信息的内容与形式都可能会影响消费者的态度。从传播学角度出发,以哈罗德·拉斯韦尔的 5W 模式为例,即信息发出者(who)传递信息(what),选择特定信息渠道(which channel),信息抵达受众(to whom),形成特定效果(what effect)。对于企业而言,企业将信息以文字、图像、视频等方式编码(encode),通过大众媒体等形式,由受众解码(decode)信息。对于传统的零售业和广告业而言,这种模式也许是广泛存在的。但传统模式的局限性是将信息的传递看成单项、不可逆的过程,忽略了受众的主观能动性,此类模型只将消费者看作信息接收者,而对于互联网经济,消费者可能同时扮演信息发出者、渠道、受众、效果等不同角色。传播学也提出了重复传播的概念,即每个个体不仅接收信息,而且加工、诠释信息,起到中继和再加工的作用。由于个体的教育程度、观点角度不同,信息传播会产生不同的信息熵,换言之,某种信息被传播的次数与效果,将不仅由信息发出者决定。

对于跨境电商品牌而言,什么样的信息能够取得更好的传播效果,这是一个无比关键的问题。罗伯特·西奥迪尼在《影响力》一书中指出六种信息带来积极态度的情形,具体如下:

(1)互惠:某家居商家为消费者提供丰富的赠品,让消费者产生回报的念头;

(2)承诺和一致:某饮料品牌组织产品包装设计、广告文案大赛,消费者也倾向于认为该商家的产品真的与参赛人员的美誉相匹配；

　　(3)社会认同：某品牌为极端条件下工作的科研人员免费提供防寒服装，被媒体大量报道；

　　(4)喜好：某餐具品牌经常组织用户周末亲子郊游活动，参与的家庭均可体验最新产品；

　　(5)权威：某食品企业经常援引科学研究数据，并且邀请医生、营养学家等为其代言；

　　(6)稀缺：某国外时装品牌款式从不补货，卖完即止。

　　无论是让消费者有"亏欠"商家的心理，或者让市场出现短暂的供给不足，都是为了影响消费者的态度。从以上论证与事例可以看出，虽然企业无法改变产品的属性或品牌定位，但巧妙利用消费者的认知机制和信息传播的方式，可以有效提升消费者对产品和品牌的态度。消费者在形成态度后，就需要进行消费决策。

二、中期：消费决策

　　心理学认为，决策(decision-making)是一种典型的认知过程，即个体根据自身的信念或根据外部环境提供的信息进行综合分析，在各种选择方案中选择特定方案采取行动或表达观点。任何决策都面临机会成本的考量，而且在现实生活中，往往一个决策会引发一系列的后果。"连锁反应""蝴蝶效应"都可以是系列决策的产物。

　　例如，某位消费者希望购买一架专业单反相机。在某全球购网站上，相机品牌和规格的选择五花八门。由于这位消费者对于相机缺乏了解，于是他选择了正在促销的某个品牌的某个型号。购买之后才知道，不同品牌的产品标准不同，而不同型号的相机所搭配的镜头、闪光灯、备用电池也都不同，这位消费者只能不断追加对该品牌的投资。

　　因此，消费者做决定之前，面临不同的产品方案和选择，以及相关后果的不确定性。消费者需要对各种选择的优劣、得失做出判断，以达到最优的决策结果，对个人资源达到最优的配置。

　　市场营销学大师菲利普·科特勒在经典著作《营销管理》中提出，消费者的态度决策路径分为中央决策路径(central route)和边缘决策路径(peripheral route)。这种观点来自详尽可能性模型(elaboration likelihood model)，又称为推敲可能模式、精细可能性模型，由心理学家理查德·派蒂(Richard Petty)和约翰·卡乔鲍(John Cacioppo)于1986年提出。详尽可能性指个体对于决策方案仔细思考、加以取舍的程度。个体出于不同的行为动机、情绪状态和思考能力，产生不同的决策模式，也影响个体对信息的接受和处理。

　　所谓决策的中央路径，是指当个体拥有较强的行为动机与思考能力时，会谨慎、详细地处理所有信息，是一种较为缓慢且大信息量的认知过程。以消费者为例，在比较房产、汽车、海外旅行方案时，消费者通常会对所有相关信息进行穷尽、理性的思考。因此，此类产品通常以数据、细节等专业性信息与消费者建立联系。所谓决策的边缘路径，是指当个体的行为动机较弱，思考能力较低或无暇顾及眼前时，会依赖主观印象、细枝末节等边缘信息形成态度,是一种快速但信息量较少的认知过程。同理,消费者在比较快餐、低价电子商品与家居产品时,往往舍弃理性而充分的思考,而是依据某些边缘信息对产品形成判断,如包装颜色、品牌标识是否可爱等。因此,此类产品常常依靠消费者的情绪共鸣,突出产品的情感属性。因此,个体消费者的决策基本上可以根据路径选择而分类为认知型和习惯型决策。

随着神经科学的发展,消费者研究迎来了新的机遇。神经营销不仅可以揭示消费者决策与行为的基本原理,还能够测量具体的外界刺激能够带来怎样的效果。

有关神经营销的一个著名案例是消费者对可口可乐与百事可乐的态度。研究人员在街头随机邀请消费者,并询问他们是喜欢可口可乐还是百事可乐品牌,随后给他们一杯可乐,有的可乐被刻意调换,标识为百事可乐的杯子其实装着可口可乐,反之亦然。研究人员发现,声称更喜欢可口可乐的消费者实际上拿到了百事可乐,而喝下去后激活的并非与口感、味觉有关,而是与记忆有关的部分。消费者之所以喜欢可口可乐,更多的原因是在畅饮可乐时,勾起了对过去的美好回忆,因此对于眼前的饮料也会偏爱有加。换句话说,消费者已经对可口可乐形成了习惯型决策,而这种决策也会不断给消费者带来正反馈,从而进一步加强品牌偏好。

运用神经科学方法来研究消费者行为,探求消费者决策的神经层面活动机理,可以找到消费者行为背后真正的推动力,从而产生恰当的营销策略。研究人员可以通过测量生理反应,包括脑电波、心电图等,反映消费者是激动还是平静,是放松还是紧张。如果研究条件允许,可以使用核磁共振技术,观察在特定的外界刺激下,大脑的哪一部分被点亮,从而推断外界刺激与内部反应之间的关联。

对于跨境电商而言,由于手机、平板电脑的普及,一种常用的测量手段是眼动数据,即可以通过眼动仪获取丰富、定量和可靠的数据,从而评价被试的注意力、唤醒度和产品偏好。如果技术允许,还可以利用图形技术进行面部表情分析,通过判断消费者在浏览信息后产生的面部表情,如高兴、惊讶、厌恶、无聊和困惑等,得出相应的结论和对产品策略进行调整。

消费者决策的另一个重要问题是产品的分类。通常,企业会根据产品所在的行业、产品功能、市场、产品性能等原则划分产品。例如,一个体育品牌可能会根据行业将产品划分为服装、鞋子、用具等,根据产品功能划分为跑步用、篮球用、乒羽用等,根据市场划分为亚太特供、欧洲特供、北美特供等,根据产品性能划分为基础入门、主流人群、竞赛专用等。但是,消费者却不一定遵循同样的分类原则。在消费者的认知中,可能会将运动产品价格划分为实用型、时尚型和奢侈型,或者根据设计风格划分为怀旧型、校园风、职场休闲,等等。因此,品牌不仅要根据自身的理解去设计跨境电商的相关网页与手机应用,更需要深入了解消费者的认知、知识结构与产品偏好。这样做的意义主要在于,在跨境电商消费时,消费者主要通过关键词检索和产品的联想式推荐进行决策。如果消费者内心中想的是给家人挑选一件新年礼物而顺手搜索了网球拍,事实上任何与网球拍类似的、具有积极意义的产品都可能成为消费者青睐的对象。但倘若购物平台在之后只推荐各种品牌、各种价格、各个国家的网球拍,消费者可能会因为搜索结果不合意而感到不满。

除了以上所述的决策机制,消费者也可能不完全按照自身的心理机制进行决策。跨境电商的多种产品,如家居、娱乐、食品等,常常是为家庭或他人购买,而美容、个人护理、服装等,虽然通常属于个人消费范畴,但消费者也会参考家人或朋友的购买建议。因此,跨境电商品牌不仅要考虑消费者个人的心理机制,他人对消费者施加的影响也必须考虑在内。

三、后期:购买与使用

对于传统零售业而言,销售人员可能起着至关重要的作用。与消费者进行情感沟通,答疑解惑,建立信任,并且保持持久的良好关系,是传统销售的典型做法。但对于跨境电商而言,购买与使用可能会有三点差异。

首先,与传统零售业相比,跨境电商的消费情境会有较大不同。以大型超市为例,传统大型超市可能需要较长的交通时间,顾客人数通常较多,结算等待时间长,消费者去超市通常依赖边缘路径的决策机制,顺手拿了商品就会离开。而综合性跨境电商平台则几乎完全相反,只需要手指一划就可以进入消费情境,购物可以完全沉浸在个人的认知与情绪中,除技术原因外,结算通常不需要任何等待,但电商平台会不断更新产品和价格,消费者几乎每次都会进行中央路径的决策机制,综合考虑所有信息再进行购买。

其次,与传统零售业相比,跨境电商的购物体验也会有很大不同。对于传统线下零售而言,购买过程可以看作一种戏剧性的互动,零售地点则相当于剧场,商场的设计、布局、背景音乐、服务态度等至关重要。结局可能皆大欢喜,可能遗憾离开,甚至可能以互相指责、投诉吵闹收场。同时,他人的购物行为可能会以一种身临其境的方式影响消费者。但是,跨境电商平台又一次大相径庭。第一,除了产品出现问题或消费者有具体的技术性咨询,大多数浏览与购买体验是没有互动的,消费者根据商家提供的文字、图像、视频、增强现实等信息进行决策。第二,除了阅读其他消费者的购买心得与产品评论外,大多数消费者既无法与他人互动,即使提供互动机会,可能也因存在时差、语言、文化等差异而作罢。因此,对于跨境电商而言,充分利用自身优势,并借鉴传统零售的多元化、戏剧性、体验性购物过程,如虚拟现实展厅等,将会对品牌宣传起到良好效果。

最后,与传统零售业相比,跨境电商售后最大的问题是消费者满意度的维护。对于线下购物而言,消费者通常有机会了解甚至试用产品,维护消费者满意度相对容易。而对于跨境电商而言,消费者由于无法预知产品体验,在实际收到产品后,如果期望与体验不一致,且又花费大量时间和金钱购买跨境产品,可能会加倍产生不快,从而影响产品与品牌的口碑。如果期望与体验一致,积极评价又可能为成千上万后来的消费者带来巨大的引导作用。

结语

理解和掌握消费行为是建立品牌的重要前提。消费者行为学建立在心理学、社会学等学科的基础上,试图揭示消费者态度形成的原因,进行决策的机制,以及实际购买的影响因素。

中国不仅有人口众多的消费市场,随着经济增长的结构转型,全面消除贫困和不断对外开放,中国在不久的将来也必将成为最有价值的消费市场之一。无论对于出口还是进口跨境电商而言,抓住这样的机遇,无疑是企业发展壮大、建立品牌的最佳时机。

同时,我们也需要认识到,了解消费者和诠释消费行为绝非易事。跨境电商营销人员应当不断观察和掌握不同地区、不同背景消费者的偏好与习惯,从而制定更加准确有效的品牌营销策略。

关键词

消费者行为;消费者黑箱;消费者画像;实证主义;理性人;解释主义;意义赋予;批评主义;炫耀性消费;认知与情感;消费动机;消费与自尊;认知失调;消费决策

思考题

1. 什么是消费者行为? 为什么要研究消费者行为?
2. 消费者可能会依赖哪些机制来决定消费?
3. 传统零售和跨境电商的消费行为有哪些异同?

第三章
跨境电商消费文化

学习目标

1. 跨境电商消费的社会意义;
2. 消费文化理论;
3. 跨境电商品牌与消费文化的联系。

导入案例

双立人

中国拥有举世闻名的饮食文化,厨具制作的历史也非常悠久。中华老字号中的王麻子、张小泉、十八子等都是知名厨具品牌,对于国外品牌而言,要在品牌忠诚度高、厂家林立且对价格敏感的中国消费市场中站稳脚跟,谈何容易。但是近年来,在中国消费者的厨房里,德国品牌双立人的刀具厨具越来越多(见图 3-1)。双立人是如何做到在中国人的餐饮文化中占据一席之地的?问题的答案可能不仅仅是产品本身。

图 3-1 双立人产品

双立人品牌起源于举世闻名的德国刀剑之城索林根(Solingen),是彼得·亨克斯(Peter Henckels)先生以双子座作为最初的构想创立的品牌,经过不断的传承,双立人已成为现存最古老的商标之一。近三个世纪以来,双立人以独特的钢材配方及工艺而知名。例如,双立人的冰煅工艺在钢材经极低温淬火和高温回火后,改变钢材的物理特性,使得刀片锋利出众,兼具韧性和抗腐蚀性。

近代,双立人又致力于厨用锅具发展,2008 年收购了拥有百年历史的比利时不锈钢锅具厂 Demeyere,成为拥有成熟锅底压制技术的锅具公司。同年,更将法国厨具名牌——珐琅铸铁锅 Staub 收归集团之下。2015 年,双立人又收购了意大利家喻户晓的厨具品牌巴拉利尼(Ballarini),进一步拓展了双立人现代厨房的产品线。目前双立人拥有超过 2000 种不锈钢刀具、锅具、厨房炊具和个人护理用品,开创了摩登厨房理念,让烹饪成为一种享受,带给人们看得见的完美品质和生活情趣。

2012 年,德国厨具品牌双立人正式入驻京东,开始助推中国市场策略。为了迎合中国市场,双立人不断推出本土化的相关产品,包括礼品馈赠、婚庆、母婴、烘焙等产品,而且双立人还注意培养与品牌有关的消费文化,举办美食学院等推广活动(见图 3-2)。2021 年,在某购物节期间,双立人不仅邀请了国内明星代言,还组织了其电商官方旗舰店和网络名人的直播带货,取得了令人瞩目的销量突破。

图 3-2 促进消费文化的上海双立人美食学院

思考题:
1. 双立人品牌是如何形成独特的消费文化的?
2. 中国厨具品牌在海外市场可以复制双立人的成功模式吗?

第一节 消费的社会意义

为什么要在社会层面探讨消费的意义?虽然消费行为在绝大多数情况下属于个人决策,支配个人资源,产生的价值与成本也由个人享受与承担,但消费的意义绝不局限于个人层面。消费的社会意义应当至少从以下几个角度解读。首先,由于消费者通常势单力薄,而商家或企业拥有雄厚的财力、物力与人脉,因此,消费者的合理合法权益必须得到保证。其次,随着科技的进步、生产力的发展与消费社会的形成,生产不再是经济增长的唯一推动力。消费政策的制定,对于推动国民经济增长、刺激行业发展、塑造知名企业与品牌具有举足轻重的作用。最后,并非所有的消费行为都值得鼓励和提倡。

倡导合理的消费观,对于社会的精神文明建设也具有十分重要的意义。

一、消费者权益

3月15日是消费者权益保护日。20世纪,由于能够远离战火纷飞的欧洲大陆,美国较早进入消费社会,因此也派生了许多与消费者权益有关的争议与问题。许多品牌以股东回报作为企业管理的圭臬,枉顾消费者的人身安全或经济利益。为此,美国前总统约翰·肯尼迪于1962年3月15日在美国国会上发表《关于保护消费者利益的总统特别咨文》,首次提出了著名的消费者的"四项权利",即有权获得安全保障、有权获得正确资料、有权自由决定选择、有权提出消费意见。1983年,国际消费者联盟组织(International Organization of Consumers Unions)确定每年的3月15日为"国际消费者权益日"。1985年4月9日,联合国大会一致通过《保护消费者准则》,督促各国采取措施维护消费者权益。

由于各国日趋严格的消费者权益保护力度,企业以假乱真、以次充好、虚假宣传的行为日趋受到法律制裁,因此,一些企业转向物质主义这一魔咒,期望消费者能够通过尽量多买的方式,为企业带来收益。物质主义本来是哲学术语,在营销领域可理解为在生活方式上表现出完全地只关注或注重物质方面内容的一种行为取向。1996年,格尔(Ger)和贝尔克(Belk)在其著述中归纳了物质主义者的五大特点:追求比他人拥有更多东西;相信财物能带来快乐;给予物品较高评价;渴望获取与占有财物;体现出较多不安全感。以此为突破口,通过营造稀缺和攀比心理,企业可以诱导消费者进行毫无必要的购买行为。

日本消费社会研究专家三浦展在其著作《第四消费时代》中提到,日本、欧美等已进入第四消费时代。所谓第四消费时代,是指居民消费理念不再追求个人主义与自我表达,取而代之的是对简约理性消费的推崇以及普遍建立的社会共享意识,摆脱第三消费时代注重物质享受与品牌攀比之风,逐渐去品牌化,回归商品本身价值。企业也应当努力摆脱对物质主义的宣传,积极投身于消费者价值的创造和消费者权益的维护。

中华人民共和国主席习近平在亚太经合组织工商领导人峰会上的演讲中指出:"中国经济发展正在从以往过于依赖投资和出口拉动向更多依靠国内需求特别是消费需求拉动转变。""中国不断拓展的内需和消费市场,将释放巨大需求和消费动力。"因此,保护消费者不仅是个人权益的需要,更是国家与社会发展的迫切需求。

消费政策是保护消费者最直接、最广泛也最行之有效的手段。它指政府或相关决策人在综合考量国民经济总体发展水平和主要问题之后,根据本国和地区的发展特点,以实现经济可持续发展、消费者权益受保护为前提,为了确保消费水平稳步提高的经济目标而作出的决策和采取的措施。消费政策包括宏观消费政策、微观消费政策和与消费相关的具体政策等。宏观消费政策包括税收、货币、价格等;微观消费政策包括消费价值观引导、消费者权益保护等;与消费相关的具体政策则与时政、市场条件、社会动态等密切相关。

《中华人民共和国消费者权益保护法》规定,各级人民政府应当加强领导,组织、协调、督促有关行政部门做好保护消费者合法权益的工作,落实保护消费者合法权益的职责。各级人民政府应当加强监督,预防危害消费者人身、财产安全行为的发生,及时制止危害消费者人身、财产安全的行为。因此,政策制定者应当充分利用公权力,保护消费者权益,为民众创造更大的价值。

二、消费伦理

伦理学作为哲学的重要分支,主要回答与道德有关的问题,即利与义的关系。笔者曾经在一次商业伦理国际学术研讨会上听闻学者辩论伦理与道德的异同,大会主持人最后总结道,虽然道德、伦理两个词语在很多日常语境中可以替换使用,但实际上二者的内涵有所不同,道德更贴近个人内心的准则,而伦理更强调个人以社会为参照系,将个人道德准则与社会通行做法进行中和、博弈之后所形成的价值体系。

中国传统的消费伦理以勤俭节约为准则。在先秦时期,诸子百家的思想中大力提倡勤俭朴素,对劳动的价值有深刻的认可和赞美。较早关注经济与市场的管仲曾在《管子·国蓄》中论述到,"凡将为国,不通于轻重,不可为笼以守民,不能调通民利,不可以语制为大治",较为客观地认可市场流通的作用。随着儒学成为主流,宋明理学的兴起,更是将节俭消费观推向更高的社会地位。

无独有偶,西方文明中对节俭、禁欲的消费伦理也较为推崇。从犬儒主义到亚里士多德,都认为过度消费是错误,而节俭消费才是正途。中世纪欧洲更加否定欲望,认为物质产生欲望,而欲望滋生恶行。工业革命以来,斯密、韦伯等思想家都认为刻苦努力和避免奢侈是个人与社会进步的动力。到了 20 世纪,以马歇尔、凯恩斯等为代表的经济学家认为市场、就业是经济的核心,而刺激消费能够带来经济繁荣和社会发展。因此,西方社会开始重新改写消费伦理,消费主义逐渐成为西方国家的主流。换言之,消费者行为一方面创造了需求,带来了就业,促进了经济发展;但另一方面,失去控制的消费也扼杀了企业的创新意识,仅靠宣扬奢侈浪费之风就能让企业大量盈利,使得经济与技术裹足不前。

当代中国在反思西方国家消费主义泛滥造成的问题之后,不仅充分肯定消费对于经济发展的重要意义,提出消费、投资与出口的"三驾马车"理论,而且提出在宏观层面,尤其是政府机关、文化教育事业等方面要敢于对消费主义说不,遏制过度消费。

对于跨境电商而言,不仅要正确面对消费伦理,更要积极引导消费者的伦理观。从企业角度而言,如果缺乏对伦理道德的尊重,很容易通过发送垃圾钓鱼邮件和信息、窥探消费者隐私、欺瞒、恶意抢注、侵犯他人知识产权等方式不当谋利。对于消费者而言,可能出于图便宜、猎奇甚至故意等原因,购买来自其他国家和地区可能违反社会公序良俗的产品。

以野生动植物及其产品的跨境电商进出口为例,任何交易必须遵守《濒危野生动植物种国际贸易公约》《中华人民共和国野生动物保护法》《中华人民共和国濒危野生动植物进出口管理条例》《野生动植物进出口证书管理办法》等相关规定。由于跨境电商的高速发展,每年出入境检验检疫机构都能够发现大量的珍稀动物制品、带有寄生虫的动植物以及食品,或极其容易诱发自然环境灾害的植物种子等。目前我国海关检验检疫的工作压力很大,这并非政府加大投入就能够完全解决的,需要全社会的共同努力。

总而言之,跨境电商作为一种新兴的购买与消费途径,不能逾越基本的消费者权益保护原则,政府、企业和消费者应当一起维护正确的消费伦理观,使跨境电商能够可持续发展。

第二节　消费文化理论

由于消费对社会的影响力日趋增大,故学者们开始从理论角度关注消费文化的产生、发展和社会影响。以美国的"火人节"(Burning Man Festival)为例(见图3-3),该活动始于1986年,主要主张是提倡包容、创造性、时尚以及反消费主义。"火人节"一共为期8天,每年8月底至9月初在美国内华达州黑石沙漠(Black Rock Desert)举行。每年同一时间,人们从世界各地赶来,自带生活用品,并进行各种文化娱乐活动。虽然火人节的主题是反消费主义,但它的本质其实仍然是一种消费文化,因为与该活动有关的旅行、交流、衣食住行等,都是与消费行为密切相关的内容。

图3-3　美国"火人节"

实践与理论必须相辅相成。德国哲学家康德曾写道,缺乏理论的经验是盲目的,缺乏经验的理论也只是纸上谈兵。本节将从马克思主义、符号学、北美消费文化理论三个角度出发,探讨消费文化的理论基础,探讨其对跨境电商的意义与指导作用。

一、马克思主义消费观

在以私有制为基础的商品经济中,人与人的社会关系被物与物的关系所掩盖,从而使商品具有一种神秘的属性,似乎它具有决定商品生产者命运的神秘力量。马克思把商品世界的这种神秘性比喻为拜物教,称之为商品拜物教。马克思在《为政治经济批评作贡献》中曾写道:"在伦敦最繁华的街道,商店一家紧挨一家,在无神的橱窗眼睛背后,陈列着世界上的各种财富:印度的披肩、美国的左轮手枪、中国的瓷器、巴黎的胸衣、俄罗斯的皮衣和热带地区的香料。但是在所有这些来自如此众多国家的商品正面,都挂着冷冰冰的白色标签,上面刻有阿拉伯数字,数字后面是简练的字母 l,s,d(英镑、先令、便士)。这就是商品在流通过程中所表现出来的形象。"

假如稍做修改,用来形容今天在跨境电商平台上仅仅以价格和上市时间进行惨烈竞争的商品,这样的笔触也毫不违和。消费主义是资本主义的核心问题,马克思主义对消费主义的批判从未停止。马克思主义并不是否定消费本身,而是指出消费主义存在的原因,是因为物与人的关系发生根本质变。在资本主义社会中,市场赋予物品价值,但是在市场定价成为价值的唯一标准后,几乎所有的事物都可以商品化,价值变成人为建构的、主观的,而且高度意识形态化。人为赋予价值的后果,造成事物的本质被掩盖,消费者只能看到市场价格的表象,却无法理解资源的稀缺性以及制造的艰辛过程,忽略物品作为劳动的成果,直接或间接造成马克思所提出的异化(alienation)。

马克思主义消费观对于跨境电商品牌建设的指导意义是显而易见的。对于大多数初创品牌而言,由于缺乏理论深度,只能依靠价格作为主要的竞争手段,产品与服务背后的复杂脉络和潜在价值被掩盖,因此和其他竞争对手无法区分,显得千篇一律,最后消费者只能从价格出发,在诸多品牌中选择价格较低的购买,而企业为了降低价格又只能摒弃创新,一味扩大生产规模,导致商品积压,形成劣币驱逐良币的恶性循环。反观著名品牌,无不将商品本身放在次要位置,而是强调品牌的悠久历史、工人的工匠精神、生产过程的可持续性等,力图与低价竞争割席,从而使消费者认可其品牌价值。

总而言之,马克思主义消费理论梳理了消费与人的互动过程中各种因素的关系,解释了社会以及个体可持续发展的必要性。随着世界经济的快速发展,在消费领域难以避免地涌现出物质主义、异化消费、过度消费等诸多不合理的消费观念与现象,严重影响了经济长期发展。无论我国还是任何其他国家,都应该进一步深刻理解和借鉴马克思主义对消费文化的批判,理顺人与消费、生产与消费的关系,构建绿色、可持续、维护消费者真正权益的发展模式。

二、消费文化与符号学

符号学(semiotics/semiology)是研究意象(sign)、意义(signification)赋予、符号(symbol)和信息传播的学科。赵毅衡教授将符号定义为"被认为携带意义的感知",把符号学定义为"研究意义的学说",把符号学定位为"不仅讨论表意批判而且讨论解释"。符号学理论的主要创始人是瑞士语言学家索绪尔和美国符号学家皮尔斯,两人分别从语言和意识经验角度对符号进行了开创性的研究。

对于消费文化研究而言,更需要的是将符号学作为一种分析工具,而在这方面,法国当代思想家和符号学家罗兰·巴特的学术观点最为贴切。其中,巴特的著作《符号学原理》(*Elements of Semiology*)和《神话集》(*Mythologies*)最具代表性。前者主要是符号理论的建构,后者主要是符号理论的应用。巴特认为符号包括影像、体态、音乐、仪式、景观等,这些意义系统的核心是符号。巴特将符号学应用在许多消费领域,如服装、饮食、广告等的符号学分析。

下面利用巴特的符号学分析工具，简析跨境电商平台上常见的办公室用品与家具。传统的办公室千篇一律，强调统一性、实用性，但单调乏味，让人心生厌恶。现代办公室的设计思想则趋向更便利、更令人愉悦和多样化。办公室设计的符号神话取代了无聊而单调的办公经验，让白领觉得在办公室比在工厂、驾驶室等地点工作的人身份更高贵。广告、影视作品等向人们传达办公室工作令人愉快，有助于社交，激动人心。而色彩明亮、造型独特的现代办公用品与家具迎合了这样的神话，成为办公室设计中的典型符号。如谷歌公司办公室的一角，如图 3-4 所示。

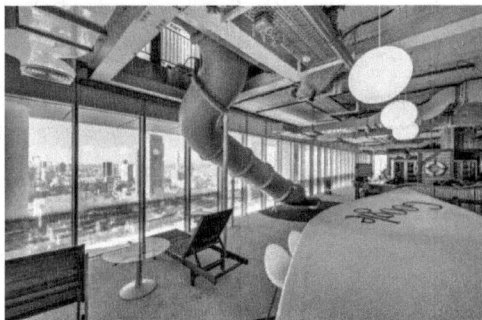

图 3-4　谷歌公司办公室一角

跨境电商中另一种明星产品是葡萄酒。在法国，葡萄酒不仅仅是酒精饮料之一，而且是一种图腾，与英国人在节日庆典时饮茶、日本人祭祀时使用清酒类似。在法国的历史文化中，葡萄酒变成了其实内涵无法自洽的神话。在消费者看来，葡萄酒既能安神，又能提神；既能在大快朵颐时解腻止渴，又能在浅斟细酌时带来复杂细腻的口味。葡萄酒明明来自植物，却有血这种生命之源的既视感。酒能够使懦弱的人变得勇敢，也能使沉默寡言的人变得口若悬河。因此对法国人而言，饮葡萄酒已经成为一种社会团结的仪式。因此，虽然很多国家都出产葡萄酒，但法国葡萄酒仍然在消费者心目中占据特殊的地位。换言之，葡萄酒已经超越了饮料本身，成为社交、友谊、家庭、爱情等人际关系中重要的符号。

三、北美消费文化理论

北美的消费文化理论（consumer culture theory，CCT）也有助于我们理解消费的社会意义。北美消费文化理论主要包含四个视角：消费者身份认同（identity）、市场文化（marketplace culture）、消费的社会历史特征（social-historic pattern），以及大众传媒市场意识形态（mass-mediated market ideology）与消费者诠释（consumers' interpretation）。

首先，消费者在购买中需要不断更新自我意识中的认同感。身份认同主要来自两个源头，即历时一致性与他者感知一致性。换言之，消费者在购买时，首先考虑的是这次购买与以往购买的关系如何，如何形成一致性的逻辑。例如，消费者习惯于在新年购物季购买某品牌的新款手机。这个品牌因势利导,每年推出新的产品,即使产品性能并没有革命性的提高,但消费者仍然趋之若鹜,这是因为消费者认为自己追求新颖,因此购买已经成为身份的历时一致性需求。同理,该品牌管理者为了让不同收入水平的消费者都能拥有手机,推出了性能差不多但外观较为俭朴,因而价格也更加低廉实惠的新款产品。从实用价值而言,该产品花费更少,却能拥有几乎全部性能,应当是非常划算的。但是,不仅新用户拒绝购买,连老用户都有所流失,这是因为该品牌历来的形象是高端的,因此这款低价产品触及了消费者的他者感知一致性身份认同。

身份认同与叙事的关系非常密切。叙事可以通俗地理解为讲故事。语言学家、心理学家发现,人们讲故事的内容与方式,和他们的身份认同高度相关。当人们热切希望表达自己的观点时,也喜欢用讲故事,而不是摆事实、引数据的方法,来证明自己。临床医学研究发现,如果颅脑受伤,患者无法准确描述事物关系的时候,通常也会忘记自己是谁。因此,很多著名品牌都喜欢讲述企业发展、品牌、创始人、代言人的种种故事,就是迎合了人们通过叙事加深身份认同的心理机制。

其次,市场文化主要研究市场与文化之间的互动。传统的人类学观点认为,消费者是文化的载体,是消极接受者。而文化研究学者则认为,消费者通过消费创造文化或亚文化,是积极引导者。由于文化中的价值观、行为准则、社会风俗等影响广泛,深深植根于一个国家或群体的历史记忆中,难以撼动,而消费则简单易行,容易获得他人的接受与谅解。因此,如果文化复杂厚重,消费者可能会利用购买的方式进行改写和适度传承。无论是年轻人在跨境电商平台购买价廉物美、风格大胆的时装,还是家庭主妇购买来自其他国家的食材与调料烹制异国风味的饭菜,其实都是一种市场与文化的互动。企业应当深入理解这种互动趋势,并推出适度革新传统文化的产品与品牌。

再次,任何消费行为都不能够脱离其社会历史语境。社会历史因素包括阶级、社群、民族、性别等,会系统性影响消费的社会机制或结构。反之,消费者通过消费来执行自身的社会角色与地位。以汽车消费为例,别克(Buick)是美国通用公司旗下品牌,由于其造型传统稳重,品牌历史悠久,逐渐在美国成了中老年人的象征,年轻消费者一般不会将其作为首选,但别克在中国却获得了相当成功的市场表现。究其原因,由于中国人敬老尊贤,注重传统,倡导成熟稳重的处事风格,于是这种品牌形象也得到了各年龄段消费者的认可。

最后,企业掌握着大量的大众传媒资源,也通过大众传媒建构自己品牌的意义体系。但是,消费者并不会毫无保留地全盘接受,而是利用自身的资源与企业进行角力,用以维护自己的利益。一个典型的例子是服装设计与身材焦虑。服装品牌往往选择身材高挑、纤瘦的模特或明星代言自己的产品,但对于大多数消费者而言,这样的审美标准根本无法达到,因此就对自己的身材产生焦虑与不自信,并对这些品牌产生倾慕感。但随着越来越多的消费者开始勇敢地提出质疑并表达自己的审美,企业也逐渐意识到之前产品设计的不足,从而开发出更加适合大众、更少依赖超级模特进行宣传的品牌思路。

综上所述,消费者的购买行为绝不是无章可循的。无论从马克思主义、符号学还是北美消费文化理论角度,任何消费行为都会有其社会文化内涵。因此,跨境电商品牌的成功必须建立在这些社会文化的基础之上。

🖋 第三节　跨境电商消费文化特征

一、国际市场

电商崛起之前,大型购物中心、连锁超市、便利店、农贸市场等提供了几乎所有购物可能。为了产生规模经济,吸引更多消费者,购物中心被设计得包罗万象,美轮美奂。以全世界最大的商场之一———迪拜购物中心为例(见图 3-5),迪拜购物中心每年接待顾客上亿人次,开设 1200 家店铺和超过 200 家餐厅,还设有水族馆、影院、主题公园等,吸引着世界各地的游客前去一窥堂奥。

图 3-5　迪拜购物中心

近年来,国际政治经济环境发生巨变,跨境电商消费成为新的选择。为了更好地理解和预测不同国家与地区的跨境电商消费趋势,有必要将本章所探讨的理论与现实结合,更深入地理解消费者。根据德国市场与消费研究机构 Statista 的一份报告,消费者从线下转向网上购物的前四个理由分别是直接送货上门(63%)、价格低廉(57%)、购物方便(54%)和 24 小时不间断(50%)。与之相比,更多品类(47%)和货比三家(43%)相对并不重要。那么,应如何理解这一趋势背后的原因呢?

以符号学角度解读,传统的商场是一种宫殿式的体验。全球的大型商场,都具有巨大的空间、金碧辉煌的室内装潢以及殷勤有加的服务人员。只要消费者不停地购买,就能在琳琅满目的商品购买过程中随意挑选,体验帝王般的享受。无独有偶,早期的商品广告中经常出现"贵族""皇家"等措辞,这是与商场的宫殿意象非常匹配的一种话语。

伦敦大学历史学教授法兰克·川特曼（Frank Trentmann）的著作《爆买帝国》（*Empire of Things*）就从不同视角分析了工业革命以来消费主义是如何成为普通人的"心灵殿堂"的。

同时，传统商场需要消费者"御驾亲征"，驱车或搭乘公共交通前往，费时费力，且有时候需要排队结账。而且，结局可能是一无所获，或者冲动购买了很多不必要的商品。

但是，跨境电商的购物体验截然不同。无论什么时间和地点，消费者只需要动动手指，就能从全世界的商家中寻找到自己心仪的产品或服务。而且是送货上门，对产品不满意了还可以限期无理由退换。与传统商场的宫殿意象相比，跨境电商更像是"朋友"。"朋友"会竭尽所能地帮助消费者减少通勤与社交压力，缓解经济压力，24小时与消费者保持联系。因此，跨境电商的话语中较少使用"高贵""皇室"等前现代社会常见的字眼，转而使用亲和力强、平易近人的形容词，这是有其背后社会转型的原因的。

这种转型也并非万事大吉。商场虽大，其空间与营业时间都是有限的。但互联网永不停歇，每一件商品、每一个商家都在竭尽所能获取消费者的注意力，使消费者对信息上瘾，令其生活碎片化，产生一系列经济与心理问题。美国作家珍妮·奥德尔（Jenny Odell）在其著作《无为：向注意力经济说不》（*How to Do Nothing：Resisting the Attention Economy*）中，对此进行了深刻生动的阐述。

什么样的消费者更倾向于线上购物？著名市场调研和数据分析公司尼尔森（Nielsen）的一项调查显示，跨境电商消费者基本可以分为三类：都市忙人、网购体验者、网购忠粉。三个消费群体的线上购物心理动机与消费文化特征有所不同。都市忙人群体由于生活节奏快，经济压力大，因而渴求极简的生活方式。因此，他们在网购中寻求的是简单、便捷，购买行为也比较固定。引用北美消费文化理论，都市人口通过跨境电商消费重塑了市场文化，令一众传统购物中心猝不及防：美国高档连锁百货店Nordstrom、玩具专卖店Toys R Us等都遭遇财政困难，这是与市场文化的重塑分不开的。网购体验者通常年龄偏大，对于新科技的接受程度较低，因此网购行为较为随机，数量金额也较小，影响力有限。网购忠粉是跨境电商未来发展的重要基础。他们的共同特点是年轻，而且成长经历与电子设备密不可分，因此通常敢于在电商消费中乘风破浪。网购忠粉的崛起是消费文化理论中大众传媒市场意识形态与消费者诠释的典型例子。虽然传统的购物中心曾经试图传递实体店的重要性和不可替代性，但年轻消费者还是通过自身的选择，重新诠释了购物体验。

同样根据尼尔森的统计数据，跨境电商消费中销量较大的产品包括衣服与电子产品，而服务则包括机票、书籍与音乐等。从传统的经济学观点看，衣服、机票属于典型的价格弹性较低的产品，换季买新衣、出行坐飞机，都属于刚需，因此消费者会利用各种渠道寻找物美价廉的产品。而玩具、化妆品等价格弹性较高，因此消费者的可支配收入提升，很可能由于可以试用等原因，选择在实体店购买。

如何从消费文化角度解读这一现象？从马克思主义消费观出发，衣物本来是用以蔽体、保暖的实用性商品。但"人靠衣装"，衣服成了最为典型的意义建构。阶层、性别、身份、地位、品味，都可以用衣着的价格、款式与品位来表达。"衣食住行"中衣字排在最先，充分反映了古人对经济社会动态的深刻观察。因此，消费者每个月最大的开销往往不是食物、居住或出行，而是追逐当季最流行的新款服饰，这也成了人与人之间异化的起源。

因而，跨境电商成为一把双刃剑。一方面，消费者得以从豪华商场的服装品牌溢价中脱身，选择来自世界各地的物美价廉的商品；另一方面，使用科技的能力成了另一种隐性的异化方式。根据世界银行的一项研究，在互联网普及之前，许多专家预测，随着电脑、智能手机的推广，全世界的贫富差距将逐步缩小。但数据表明，互联网使用率提高了，收入差距却变大了：熟练掌握互联网技术的少数人能够利用互联网迅速积累财富，但大多数民众只习惯于观看短视频、讨论明星八卦、寻找购物信息。因此，物美价廉的跨境电商货品也成了他们的一种新型"精神麻醉剂"。

对于跨境电商品牌而言，追求市场份额、利润和品牌资产，不仅无可厚非，而且至关重要。同时，品牌管理者需要铭记的是，消费的意义与影响因素错综复杂。能够把握社会脉搏的品牌，才能不断成长，修正错误。如果只依赖短期的市场营销战术，那必将陷入与其他诸多品牌竞争的红海，逐渐失去市场和品牌影响力。

二、国内市场

中国跨境电商企业的涌现，与国内社会发展趋势息息相关。国内市场最重要的趋势，正如《哈佛商业评论》中《大数据颠覆市场营销》一文中提到的，国内"90后""00后"成长起来后，形成了属于自己的消费文化，现在的消费者有着独特的消费倾向。总体来说，他们的品牌忠诚度低，只忠于自己给自己的定位，但并不忠于哪个品牌。在整个销售链条上，如果公司的品牌不能最大化地实现客户价值，最大化地满足个性需求，那么客户就会从销售的任何一个环节——问询、购买、支付、服务——跳脱。

为什么新生代消费者的品牌忠诚度变低了？一方面，年轻消费者掌握消费资讯的手段更加全面，能够随时随地按照自己的喜好调整消费行为，因此单一的营销策略难以永远打动消费者。另一方面，从消费文化理论出发，市场文化决定市场营销策略，而营销策略可以分为现代性和后现代性两类。现代性市场营销策略认为，企业由于掌握技术、资金和信息，是价值的创造者和标准的制定者，故在市场中拥有更多话语权。因此，企业应当建构属于自己的身份、价值和定位，并说服消费者购买。但是，后现代性营销策略则认为，企业无法强行为消费者制定身份或消费规则，企业只能提供产品和服务，消费价值由消费者创造，或者由消费者和企业共创。如果在消费者心目中，某个企业或者品牌不足以帮助他们创造价值，他们就会选择其他品牌，以对自己的消费习惯、身份认同和价值创造进行重新定义。

另外，艾媒咨询数据显示，2021年中国跨境电商用户购买的商品品类前五名分别为服饰鞋包、美妆个护、食品饮品、营养保健和数码产品。与国际市场的消费趋势相比，比较突出的品类是美妆个护与食品饮品。根据世界经济论坛网站刊载的数据（见图2-6），如果比较中、美两国消费者的购买品类（线上和线下），就会发现美国消费者在住宅家居、出行通讯、娱乐、健康方面的支出比例高于中国消费者，而在美容个护、食品饮品方面,中国消费者的支出比例超越了美国消费者。

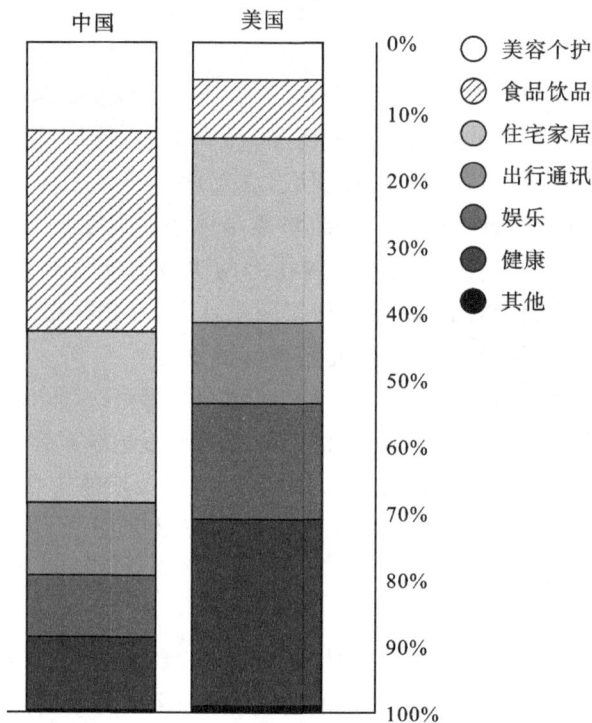

图3-6 中美消费比较

（数据来源：世界经济论坛网站）

　　怎样解读这种差异？根据荷兰文化学者霍夫斯泰德的文化维度理论,中美两国的一种文化差异体现为放任与约束(indulgence vs. restraint,IVR)。美国的文化放任指数为68,而中国为24,差异明显。因此,在保持美丽出众的外表方面,中国消费者体现了较高的需求,因此中国消费者也通过购买满足这种需求。相比而言,美国消费者则与大众传媒所表达的审美进行抗争,因此在美容个护方面的花费比例较低,这与消费文化理论是相符的。根据身份认同理论,中国历来倡导"民以食为天",关于美食的叙事是中国人身份认同的核心,而美国则少有这样的身份认同叙事,因此在食品饮品方面的花费比例也小于中国。

　　需要指出的是,中国跨境电商占外贸进出口比例不到20%,而跨境电商商业模式主要分为B2B、B2C两种,其中,跨境电商B2B模式是外贸主流。数据显示,跨境电商90%是B2B模式,零售部分仅占外贸进出口较小比例。随着移动互联网技术的发展、智能手机普及、网络购物的兴起以及在线支付、物流体系的逐步完善,跨境电商将以B2B、B2C、C2C等模式分别发展。因此,跨境电商企业在应用消费文化理论时,还需要时刻关注商业模式的细微变化。

结语

　　对跨境电商品牌营销的解读不应停留在个人层面。在马克思主义消费观、符号学、北美消费文化等理论的观照下,品牌管理者应当更加深刻地理解消费的内涵、影响因素和社会基础。纵观国际、国内跨境电商消费趋势不难发现,消费文化无处不在,并且时刻影响着每个人的生活。

　　无论是叩开中国市场大门的双立人等国际品牌,还是在海外市场初试锋芒的中国企业,都应当超越传统思维,与消费者共同创造积极健康、可持续发展、符合伦理道德的消费文化,为品牌的长远发展打好基础。

关键词

　　消费文化;消费者权益;消费伦理;马克思主义消费观;商品拜物教;符号学;北美消费文化理论;身份认同;叙事;价值共创

思考题

1. 什么是消费文化? 为什么要理解消费文化?
2. 消费文化的理论基础是什么?
3. 试举出一些跨境电商品牌营销中消费文化的例子。

第三章　跨境电商消费文化

第四章 跨境电商营销调研

学习目标

1. 营销调研设计；
2. 营销调研数据分析的注意事项；
3. 跨境电商营销调研的特点。

导入案例

Bellroy

Bellroy 是一家澳大利亚皮具品牌(见图 4-1)。和很多跨境电商初创品牌一样，Bellroy 认为小即是美，没有和大宗商品一样，进行大刀阔斧的市场拓展，而是希望能够从生活方式的细节入手，提高人们日常使用产品的体验。于是产品设计师和工程师组成初始的开发团队，在俯瞰海滩的一张厨房桌子旁围坐，进行头脑风暴。

图 4-1　Bellroy 皮具

经过讨论，Bellroy 决定制作皮具箱包，包括钱包、背包、护照夹、手机壳、钥匙套、零钱包等，设计思路是轻薄实用的同时，增加产品的美感和设计感。经过十几年的成长，Bellroy 已经成为知名的跨境电商品牌。根据不同市场调研公司的估算，Bellroy 的跨境电商年营业收入为 3 千万到 5 千万美元，品牌资产升至 8 千万美元左右，而员工仅有不到 100 人。

与很多品牌类似，Bellroy 注重员工的多元发展，仅在澳大利亚总部就有来自超过 25 个不同国家的员工，集思广益。近年来，出于全社会对于绿色发展、保护环境、人与自然和谐共处的需求，Bellroy 也推出了一系列变废为宝、低碳、极简的产品系列，赢得了消费者的认可。作为典型的加工贸易、轻工业行业，设计风格非常重要，成本管理也不能忽视，因此皮具竞争非常激烈。Bellroy 是如何做到把握市场的机遇，第一时间了解到用户的喜好、需求和不满的呢？

传统的市场调研手段无外乎问卷调查、访谈、实验、案例分析、阅读二手资料等。对于跨境电商而言，市场调研的难度无疑是增加了。一方面，企业很难与用户直接面对面交流；另一方面，跨境电商业态变化也比传统行业快，今天的观点明天可能就过时了。

Bellroy 自创立以来，使用了一种别具一格的市场调研手法。他们在自己的网站上开设了日志论坛，以 Carryology（小包大学问）命名，设计师、工程师、用户都可以在上面发表对产品的看法和建议。企业从中汲取灵感，学习有关产品设计、工程和业务发展的知识，以及保持积极上进的乐观精神。因为时刻保持对市场变化的细微解读，Bellroy 才能够获得今天的成功。

思考题：
1. Bellroy 获得成功的最重要原因是什么？
2. Bellroy 的网络日志实质上属于哪种市场调研，有什么优缺点？

第一节　调研设计

习近平总书记多次使用扣好"第一粒扣子"来比喻引导青少年价值观、迈好人生第一个台阶的重要性，这个比喻在跨境电商的营销调研上也是非常适用的。如果企业从一开始对市场的判断出了问题，后续的所有努力可能都会白费。

"假如只有一个小时解决题，那我会先花 55 分钟来定义清楚这个问题，而用最后的 5 分钟来解答。"这句话似乎无法从爱因斯坦的著作中找到原文，出处已不可考。但无论是爱因斯坦本人、美国哲学家杜威和其他很多名人，都表达过类似观点，即在急急忙忙寻找答案之前，先把问题分析清楚，并且选择合适的研究方法，可能是更加重要的。从"磨刀不误砍柴工""慌张去办事，结果定糟糕"等谚语中，都能发现类似的智慧。

对于跨境电商企业而言，理解消费行为与消费心理、掌握消费文化的动向，是走向品牌管理的第一步。但要设计出成功的产品打动消费者，营销调研同样是必不可少的环节。本节将对营销调研加以概述，并结合跨境电商的特点进一步解释营销调研的作用。

一、营销调研概览

顾名思义，营销调研是管理者为了解决某个营销问题，设计研究方法、收集信息、分析数据和总结针对性营销策略的过程。新产品的定价是否符合消费者的预期？在便利店，而不是在超市发售，是否是明智的选择？新年即将到来，应当选用红色还是白色来包装产品？这类问题通常可以通过直观的问卷调查、访谈等方法回答。

21世纪以来,全球经济发展形势愈加复杂,只考虑企业与消费者,已经很难全面反映市场营销面临的问题。根据美国市场营销协会(AMA)的定义,营销调研是一种沟通渠道,将消费者、企业管理者、营销人员和公众联系在一起。营销人员通过信息来识别、定义营销问题,从中发现机会,并以此提出、改善和评估营销计划,追踪营销绩效,并对营销理论进行引证和深化。

对于跨境电商而言,日常需要完成的市场调研任务种类繁多。如果需要进入新的国家,但不知从哪里下手,那么应当首先了解市场规模、增速、竞品情况、销售利率等,从而发现自身的独特竞争优势和卖点,从而明确可能的细分市场和定位,这属于市场趋势分析。如果从市场趋势中发现,竞争较为激烈,但销售利率也较高,那么该市场仍然值得一试,从而对市场份额、热点地区、产品开发周期等进行综合评估,并与竞争对手的相关情况加以比较,这属于竞争分析。如果在评估产品开发与生产中发现,一些原材料、生产工艺、采购来源等在当地市场存在具体问题,以及寻找应对方法,这属于成本分析。确定生产环节后,需要进一步对自己的顾客群体进行精细描绘,包括用户需求、用户特征、主要关键词等,这属于细分市场分析。在根据顾客群体开展营销活动后,可根据用户反馈、物流记录、价格变动等了解哪些因素会对销量产生积极或消极影响,这属于销量分析。类似的营销调研还有很多,必须根据企业所面对的问题对症下药,合理设计。

在开展营销调研之前,需要把握几条原则。首先,任何市场营销活动都无法做到充分掌握所有信息,因此都是一种“摸着石头过河”的商业冒险。因此,营销调研不宜面面俱到,因为这会导致数据收集纷繁复杂,过程旷日持久,且结果也更加难以辨析。其次,企业时时刻刻都面临巨大的时间与经济压力,需要多快好省地完成管理者设计的战略。因此,频繁进行营销调研,可能会进一步加剧企业的困境。但省略调研,埋头苦干,可能也会把企业带入歧途。最后,在大多数情况下,问题可能已经有了答案,无论是员工的经验,还是行业内公开的调研报告,或者互联网上的新闻或资料,都有可能是非常宝贵的信息。或者,某些问题虽然未知,但可能不会对结果产生实质性影响,因此也可以在开展营销活动时逐渐了解,不一定专门进行费时费力的调研活动。

营销调研流程如图4-2所示。

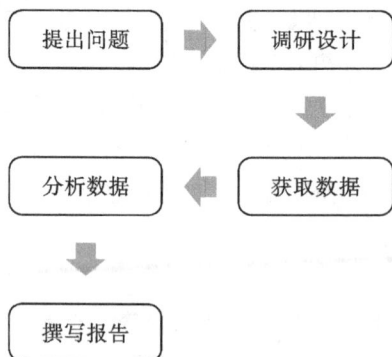

图4-2 营销调研流程

二、提出问题

营销调研问题的提出看似是一个简单直接的过程,但实际上不仅容易犯错,而且一旦提出误导性的问题方向,后续所有的调研努力很可能一无所获。之所以提出的问题存在方向性的错误,可能与管理层对经济社会发展趋势的判断有关,也可能与管理层和员工、消费者等利益关系人群体沟通不足有关,还可能与公司在长期战略方面判断失误有关。

西奥多·莱维特(Theodore Levitt)曾在《哈佛商业评论》发表论文《营销短视症》(The Marketing Myopia),深刻剖析过这一现象。企业的营销管理出现错误,通常并不是市场本身的问题。例如,铁路运输公司发现乘坐列车的乘客变少,铁路物流运输的客户流失,因而下结论说,铁路的时代过去了,今后应当转型公路和空中运输,并且开始进行公路和空中运输定价的营销调研。这一判断看起来不仅转型及时,而且即将取得新的商业成功。而实际上,铁路真的过时了吗? 以中国在高铁建设领域取得的巨大成就来看,铁路并不过时。如果当时这些公司的管理者能够意识到,消费者并不是一定要转而进行公路和空中运输,只是寻求更加便捷、安全和廉价的旅行和物流方式而已;如果铁路运输公司能够正确地提出问题,寻求提高铁路速度和安全性的解决方案,可能结果就大不相同了。

《福布斯》杂志网站对柯达公司的营销问题也进行过类似的分析。伊士曼柯达公司(Eastman Kodak Company)主营影像产品及相关服务,业务遍布 150 多个国家和地区,全球员工约 8 万人。柯达公司在影像拍摄等领域一直处于世界领先地位,在数码时代之前,柯达的胶卷事业更是无可匹敌。随着数码技术的日渐成熟,柯达也第一个推出了数码相机,竞争对手佳能、索尼等反而起步较晚。但是,由于胶卷的利润较为丰厚,柯达公司当时提出的问题不是"如何制造消费者更喜欢的相机",而是"如何留住我们的利润"。因此,消费者逐渐习惯了数码相机和手机后,柯达在影像拍摄方面的领先地位就一去不返了。

无论是传统行业还是跨境电商,最容易提出的营销问题就是"怎样才能保住或提高我们的利润?"而这一问题是非常具有误导性的。一方面,无数的竞争对手会思考同一问题,而他们的竞争优势很可能更加明显,无论是成本、市场经验,还是品牌形象,都有可能超越我们自身的企业。另一方面,"保住或提高利润"其实是消费者所厌恶的,因为任何消费者都希望他们喜欢的产品能够在保持质量的同时越来越便宜。

合理的营销调研问题,首先应当与商业模式的定位有关。例如,对于一家在跨境电商平台售卖巧克力的企业而言,当然应当向行业先行者玛氏(Mars)、费列罗(Ferrero)、瑞士莲(Lindt)、歌帝梵(Godiva)等品牌学习。但仅靠模仿学习,后发企业将很可能无法成长和超越前辈企业。品牌管理者应当时刻意识到,消费者并不一定会永远购买糖果。虽然全球巧克力产品的销售额达到上千亿美元,中国已是全球第二大巧克力消费市场,但随着消费者健康饮食观念的普及,巧克力作为典型的高热量食品,近年来销量有逐渐放缓的趋势。

因此,营销调研不应该继续追问"怎样才能让消费者吃更多的糖果或巧克力?"而应该专注于"消费者为什么会在网上买进口糖果?""如果消费者是为了感受异国风情和分享快乐,公司能不能提供更加健康、可持续发展且更有价值的国际化食品品牌?"这样的问题对于产品开发、市场拓展和品牌管理而言,更加具有建设性和战略意义。总结来说,营销问题的提出,应当具有战略眼光,而且能够为企业、消费者、消费政策制定者、供应商都带来价值,而不应仅仅停留在"怎样赚更多"或者"在国内市场占一个山头就好"上。

提出合适的问题之后,调研人员还应当考虑的另一点是调研的内容,包括调研对象、调研信息的具体内容、调研信息的测量工具等。同样的调研问题在不同调研内容的验证下,可能得出南辕北辙的结论。例如,一家国内化妆品公司打算进入东南亚市场,并且初步确定了营销问题:"消费者对来自中国的化妆品品牌有什么期待"。调研人员A认为,可以寻找在中国留学的东南亚学生,询问他们了解哪些中国化妆品品牌,并且测量他们对每个品牌的喜好程度。调研人员B则建议,应当寻找在中国工作的东南亚跨国公司白领,询问他们对于本公司现有产品的意见建议,并寻找这些意见建议中的关键词。两种调研内容可能会得出不同的结果。营销管理者应当根据不同结果的概率、实施难易程度和与公司战略的匹配程度,对调研内容进行较为详尽的计划和判断。

三、调研设计

每一家企业都有自己独特的经营方式,而且每一个市场在不同的时点,市场营销的机遇与挑战也都会略有不同。正如古希腊哲学家赫拉克利特所说,"人不能两次踏进同一条河流"。那是否要为每一次调研任务设计全新的调研方案呢?答案是否定的。营销调研人员应当掌握一些基本的调研设计方案,然后在接手具体的调研任务后,选择合适的基本调研设计,并根据任务进行微调。

无论调研任务的复杂程度、紧迫程度和涉及的价值,调研设计可以分为三个基本类型:探索性调研(exploratory research)、描述性调研(descriptive research),以及因果性调研(causal research)。

1. 探索性调研

相对而言,如果企业对产品、消费者、竞争对手等一个或几个市场要素了解不多,暂时无法提出较为具体的市场营销方案,则首先应当进行探索性调研。探索性调研既不需要特定的结构,也不一定采用特定的方法。其主要目的是收集较为基础、原始和全面的资料或数据,从而揭示所研究问题的本质,明确用以表达核心概念的术语,提出与问题有关的基本假设,以及确定后续调研的主要任务和顺序等。探索性调研对于提出研究问题来说不仅不可或缺,而且可能带来事半功倍的效果。通过排除不相关的变量和干扰项,也能够为后续的调研设计提高效度与信度。

由于调研人员不一定掌握问题的核心本质,故在进行探索性调研时,可以通过二手资料的案头调研(如阅读市场报告、新闻报道、相关书籍资料)、组织小组讨论,以及在相关行业和市场中选取代表性的案例进行分析,等等。对于跨境电商而言,案头调研、案例分析属于成本较低但针对性较强的探索性调研。如果调研人员需要数据支撑,也可以采用小样本的调查问卷方式,样本不一定具有代表性,以反映问题的本质为目的即可。

2. 描述性调研

当调研人员对问题的本质已经进行了相对准确的认识,进行了二手资料的研究和小范围的探索性调研后,就可以进入下一个阶段——描述性调研。顾名思义,描述性调研是用来描述大小、多少、什么人、何时何地、如何购买等问题的答案的。利用描述性调研,可以对用户群体的特征进行较为准确的勾画,可以测量消费者对于某一产品的了解程度、喜好和不满,也可以对于不同的营销计划所产生的可能结果进行大致的估计。与探索性调研的不拘一格、灵活多变相比,描述性调研的框架较为固定,其核心目的是提出一个或者几个假设,并且在这些假设的方向上进行推演,从而更加接近问题的答案。

描述性调研有两个主要思路,即横向和纵向。所谓横向,是在同一时间点或同一条件下,对不同的群体或情况进行横向比较。例如,一家食品企业发现同一种产品在人口与经济水平相似的几个国家的市场中表现迥异。经过对几个国家市场的用户群体的描述,可能会发现不同的国家对该产品的典型消费者差异较大,因此产品表现差距明显。纵向则意味着对同一个市场或同一个消费群体进行跟踪调查,从而揭示出一些长期规律。例如,某家电子产品企业发现其产品在某个国家总是无法长期占据市场。调研人员通过对消费者长期跟踪调查发现,由于该企业产品的价格较低,较易在发布时占据一定市场份额,但由于后期的软件购买成本较高,消费者的品牌忠诚度低,因此长期市场表现总是不尽人意。虽然描述性调研能够揭示问题的方方面面,但其关键的局限性是,描述性调研能够发现变量之间的关联性,但不一定能够确定何为原因何为结果。例如,在上述电子产品的市场份额问题中,描述性调研发现电子产品的软件购买成本较高,而消费者的品牌忠诚度低。是软件购买成本高造成消费者品牌忠诚度低,还是因为消费者对品牌忠诚度低,因此购买量不足,企业为了回本,不得不提高软件的定价?描述性调研难以回答这样的问题。

3. 因果性调研

因果性调研的主要目的是确定变量之间的因果关系,换言之,就是为什么 X 能够导致 Y,以及同时存在的自变量 X_1, X_2, $\cdots$, X_n 对因变量 Y 的影响各是多少,等等。因果性调研对于跨境电商而言是最为直观,同时可能成本也较高的市场调研。例如,企业希望通过降价 10% 的方式进行促销,但降价不仅意味着企业净利润可能大幅减少,而且消费者可能因此而判断产品存在缺陷,或者企业遇到问题,从而购买意愿进一步降低。这时可以通过实验、问卷调查等方式揭示降价是否会以及怎样影响购买意愿。同理,如果同时存在多个可能影响产品销量的因素,调研人员可以通过进行调查问卷的方法,将消费者的收入、生活习惯、心理机制等进行较为细致的统计,然后进行回归分析,揭示究竟哪些因素更影响消费者对于产品的态度和购买意愿。

进行因果性调研,最关键的问题是信度与效度。效度是指自变量是否能够揭示因变量的变化，以及解释程度的大小。例如，某个保健药品企业宣称其产品具有提高免疫力和预防精神抑郁的作用。调研人员将消费者分为实验组（服用药物）和对照组（不服用，或者服用安慰剂），如果和对照组相比，实验组的确大幅减少了患病概率，那么该产品提高免疫力效果的效度是较高的。如果两组在精神抑郁方面并无显著差别，则该产品在防止精神抑郁方面的效度较低。信度也称为外部效度，指在某次研究中发现的自变量与因变量之间的关系在其他研究和现实世界中能否重复出现和推广的程度。例如，某服装企业宣称其羽绒服具有良好的保暖效果，并邀请各国消费者到北极地区体验该产品。消费者反馈表明，穿着这款羽绒服在极地观光，的确未感觉到特别寒冷。但碰巧的是，该年度的全球气候异常，北半球冬季温度较高，因此该产品的宣传效果的信度是值得商榷的。类似的市场调查结果，在一些电商平台上的羽绒服品牌广告中屡见不鲜。消费者早期可能被打动，但随着消费体验增多，消费观逐渐成熟，对这些品牌的长期形象可能会起到反面效果。

第二节 数据分析

　　狭义的数据指的是数值，是通过观察、调查、实验或计算所得到的数字结果。广义的数据还包括文字、图像、音频等。狭义数据和广义数据可以通过技术和算法互相转换。对于跨境电商而言，数据分析的机遇与挑战都被放大了。大数据的使用已经是跨境电商营销的常态，无论是关键词的检索还是消费者的精确画像，都离不开数据的收集分析。同时，所有的竞争对手也都会利用同样的手段，他们对数据的渴求是无止境的。

　　在很多人的印象中，定量分析是较为系统、科学的研究方法，而定性分析则很大程度上依赖研究人员的主观判断和随机应变，因此定量研究更为可靠。定量分析主要回答"是什么"的问题，而定性分析则回答"为什么"的问题。事实上，这些观点都不准确。定量分析不一定会比定性分析更容易接近问题的本质，而定量、定性分析都可以回答是什么、为什么等问题。本节将分别讲述两种数据分析方法，并探讨其在跨境电商品牌营销中的应用。

　　本节以深圳的钟表行业为例，分别说明定量与定性分析对于跨境电商品牌营销的作用。据深圳市政府网站的报道，深圳有钟表企业1100多家，已创建了140多个品牌，比较活跃的有50多个，如飞亚达、依波、天王等。深圳已经成为全国最主要的钟表生产和配套基地，产量和产值均在全国独占鳌头。根据深圳市钟表行业协会的资料，深圳钟表产业已形成产业集聚效应，获批"国家钟表外贸转型示范基地"和"全国产业集群区域品牌建设时尚产业（钟表）试点地区"，也是国家文博会的专项活动点。2002年，钟表作为"先进技术和高新技术改造优势传统行业"的核心组成，开始规划产业集聚基地。2005年，"中国时间谷"诞生，选址于深圳市光明区，规划面积114万平方米，未来基地将建立集"人才培训、技术研发、精密制造、材料研究、环保技术、节能减排、品牌运营、电子商务、物流配送、融资证券、人文艺术、品牌展示"等于一体的生态型现代化和智能化的产业集聚基地。

如果从产业集聚、产能和品牌数量看，深圳的钟表行业已经取得了可喜的成果。但是，从国内品牌参与跨境电商竞争的情况来看，国际市场的高端细分市场已被欧洲品牌独占，而中端市场则牢牢把握在几家日本企业手中，反观我国生产的手表，难以形成品牌溢价，多数产品价格较低，且定制、限量版的高端产品在国际上的销量仍然有限。我国大多数企业代工生产手表，虽然机械、石英、电子、光波、智能手表等品类都能生产，但仍然在国际市场上缺乏品牌形象。根据瑞士钟表业联合会和前瞻产业研究院的统计数据，2020年瑞士出口一千三百万块手表，金额为182亿美元，中国出口三亿块手表，金额却仅为36亿美元。应当如何突破这一局面，让中国从钟表大国转变为钟表强国，让跨境电商出口品牌的品牌资产能够不断提升？其中，营销调研又能够起到怎样的作用？

一、定量研究

定量研究通常利用收集的数据，对经济、社会、文化等现象进行剖析。定量研究的基本思想是演绎。演绎是一种从一般到特殊的研究思想，也就是说，研究人员先树立某种理论、模型或假设，然后将这些一般性的方法与观点应用在某个具体而特殊的情境中，利用数据来验证之前所预想的理论或假设是否在这一具体情境中也存在。简言之，市场营销中的定量分析法（quantitative analysis）通过收集与市场、消费者、产品等有关的数据，对变量的特征、变量之间的关系，以及变量的变化趋势进行分析和预测。定量分析对于跨境电商品牌营销有立竿见影的指导意义。

虽然定量分析的具体形式千变万化，但基本上可以按照研究问题的本质和复杂程度分为三种：相关分析、回归分析、析因分析。首先，研究问题可能与变量之间的相关性有关。变量相关性的方向可以是正相关或负相关。例如，正相关最直观的一种情况是，跨境电商平台上的某款式手表的好评数量越多，消费者的购买意愿越高。而现在的消费者对于手表的设计、功能等要求越来越高，产品上市时间越久，消费者的偏好会越低，这是负相关的典型情况。

其次，除了相关的方向性，定量分析还可以测量相关性的强弱。根据统计意义上的结果，相关性可分为不相关、低相关、高相关等。例如，市场调研人员收集消费者人口统计信息后发现，消费者的家庭成员数量完全不影响他们对智能手表的购买意愿，属于不相关；消费者的收入与智能手表购买意愿有关，但相关性不高；消费者的受教育程度与智能手表购买意愿高度正相关，说明受教育程度高，对新技术产品的需求和兴趣高，而且从事的工作中使用智能手表的概率也较高，因此与购买意愿的相关性高。

回归分析法（regression analysis）是判定两个或者多个变量间关系的一种统计方法。按照纳入计算的变量的数量，回归分析可以分为一元回归和多元回归。换言之，当我们需要剖析某一个我们感兴趣或者希望改变的因变量（购买意愿、品牌忠诚度等）与其他我们有可能改变或者施加影响的自变量（品牌认知、价格、促销力度、产品设计、产品功能等）之间的关系时，调研人员需要明确自变量对因变量的影响程度。

假如调研人员希望了解某手表品牌的海外销量是由哪些因素影响的，通过探索性研究发现，价格和品牌认知是最重要的两个因素。列出如下公式：

$$Y = a + b_1X_1 + b_2X_2 + e$$

其中,X_1代表价格,X_2代表品牌认知。经过调研发现,系数b_1数值为-0.35,b_2数值为 0.6,说明随着价格提升,海外销量逐渐减少,说明该品牌仍然需要物美价廉才能使销量上升。同时,消费者的品牌认知越高,销量越高,说明品牌形象对海外销量起到了正面作用。因此,企业的当务之急应当是进一步加强对品牌的宣传推广。例如,"上海"牌手表是中国第一家手表制造企业。"上海"牌手表以我国港、澳以及东南亚其他国家为第一站,后成功进入北美和欧洲市场。2017年开始进驻天猫国际和速卖通等平台,拓展跨境电商业务。对于"上海"牌和许多其他国产品牌而言,最大的困难就是如何提升品牌认知和品牌形象。

对于市场调研来说,相关分析能够判断两个变量之间是否有联系,联系的方向是否为正,以及联系的强度如何。而回归分析能够判断在调研所给定的范围和情境中,自变量如何影响因变量。但是,两种方法无法回答的是,如果人为改变某个或某几个自变量,因变量将如何变化。例如,回归分析表明,价格的系数为-0.35,说明价格降低,销量会提升。但无法确定的是,如果价格提升2倍,销量是否一定会降低。在西奥迪尼的《影响力》一书中,就记录了销售员由于看错了老板留下的纸条,老板本意是将滞销的珠宝半价出售,而销售员误以为是要以2倍价格出售,结果产品销售一空的故事。对于手表品牌而言,虽然消费者期待物美价廉的产品,但手表作为典型的与身份认同、市场文化紧密结合的产品,一味降价是否真的有效呢?为什么瑞士手表品牌动辄上万甚至几十万元的售价,却令消费者趋之若鹜?

因此,调研人员需要尝试回答如下问题:如果价格提升2倍,消费者将如何反应?或者,停止生产传统的机械、石英表芯的产品,完全转变为智能手表,消费者是否会更加认可品牌?要寻求这些问题的答案,一种比较合理的调研方法是实验法。实验法是指通过控制研究条件,检查自变量与因变量间的因果关系的一种研究方法。采用实验法时,可以将潜在消费者或现实中的消费者分为不同的小组,并赋予各小组不同的条件。例如,A小组看到的是手表品牌的现有某个型号产品,B小组看到的则是假想的该品牌的智能手表型号,并比较两个小组成员对品牌的态度和对产品的购买意愿,这时能够判断产品设计对于消费者可能产生怎样的影响。实验可在实验室和自然条件(如超市或App中)下完成。

在现实中,可能存在不止一个自变量。这时,可以通过析因试验(factorial experiment)进行探究。析因实验通过多因素交叉分组,不仅可检验每个因素本身所造成的因变量差异,还可以探究各因素间的交互作用。所谓交互作用,是指当一个因素发生变化时,另一个因素对因变量产生的效应也随之发生变化。

仍然以手表品牌为例,假如通过探索性研究,市场调研人员发现,年龄、产品功能和文化背景可能是影响消费者对品牌态度的三个因素。调研人员将年龄分为三组:青年、中年、老年,产品功能分为简单、复杂,文化背景则包括北美和欧洲。因此,此项调查是相对复杂的(3×2×2)实验设计,实验共需要12个小组。假如数据结果显示,相比而言,北美的青年人喜欢简单设计,而欧洲的青年人更喜欢复杂设计;北美中老年人喜欢复杂设计,而欧洲中老年人更喜欢简单设计。这说明交互作用存在,企业不能在不同地区的跨境电商平台上使用相同的产品和营销策略。

二、定性研究

无论是实验、问卷调查还是二手数据,都能够回答"是什么"类型的问题。例如,是年轻人还是老年人更加喜欢该产品,或者是价格还是包装打动了消费者,或者某年度全球市场份额排名,等等,数据都能够给出较为准确的答案。但是,定量研究的局限性在于,有时难以回答"为什么"类型的问题。例如,为什么年轻人更加喜欢该产品?为什么消费者会因为包装好看就花费更高的价格?为什么某个品牌会在较短的时间取得全球市场份额?

为了进一步揭示问题的本质,调研人员需要定性研究。定性研究的使命是探究事物的属性和内在机制,经常通过文献阅读、观察、深度访谈、沉浸体验等方式分析问题的成因和影响,并得出研究结论。与定量研究依赖数据的思路不同,定性研究更加关注事物的意义、个体的角度和主观的观点。与定量研究相反,定性研究的基本思想是归纳。顾名思义,归纳是一种从特殊到一般的研究思想,也就是说,研究人员先不急于用某种理论或假设去验证现实,而是通过对现象、个体、群体等的细微观察,推断其原因、过程、决策依据等,逐步从具体到抽象,从特殊到一般,最终形成新的理论、观点和模型。

因此,与定量研究相比,定性研究至少在以下三个问题上具有独特优势,因而可以为跨境电商提供建设性的思路。首先,定量研究强调研究的完整结构,需要有较为固定的流程和受到控制的研究环境,而定性研究强调在自然条件下进行研究,从而反映在实验室、问卷调查中可能被排除在外的重要因素。对于跨境电商而言,面对的消费者来自不同文化背景,购物方式各不相同,很难组织结构性完整的定量研究,而定性研究则较为灵活多变。其次,定量研究强调研究者应当置身事外,以冷眼旁观的方式对研究对象进行分析,以免产生偏见。而定性研究认为研究者应当主动与研究对象互动,并努力以他人视角理解其意义建构过程,并且应当不拘一格采用访谈、观察等方式进行互动。对于跨境电商而言,产品评论、用户回访、组织消费者互动等都可以成为有价值的研究发现。最后,定性研究并不刻意追求大量数据和复杂的统计分析方法(多元回归、结构方程、析因实验),而是利用语言文字等深入探究,对于非统计专业人士而言,定性研究更容易掌握和使用。

观察法是定性研究中最为常见的一种方法。对于传统行业,调研人员可以使用带有摄像功能的电子设备、手写或其他方式,观察、记录和总结调查对象的行为。对于跨境电商而言,近年来使用广泛但颇有争议的观察方法就是利用摄像头记录消费者的眼动情况。消费者目光的集聚、停留时间、瞳孔变化等,都能够揭示其心理变化和可能产生的消费意愿。另一种较为常见且更加便捷的方法就是记录消费者在网页或 App 上浏览商品的停留时间,停留较久可能意味着更高的购买意愿或举棋不定的消费决策。观察法的局限性在于,即使发现了特定的行为规律,也无法得知其背后原因,因而无法对症下药进行营销策略的调整。

第四章　跨境电商营销调研

深度访谈指调研人员针对某个问题与受访者进行一系列探索性的讨论,受访者可以不受时间、地点和社交规则的限制,自由发表自己的观点,包括产品概念、风格设计、用途等。对于跨境电商而言,利用互联网进行远程访谈,不仅可以降低成本,打破地理的局限,还能够在全球疫情、局部冲突等前提下开展调研。深度访谈的局限在于,通常过程漫长,且受访者可能不断偏离主题,给总结内容带来了困难。

焦点小组则通过一位主持人和多位受访者共同讨论的形式完成访谈。焦点小组也可以通过互联网远程会议进行。焦点小组最大的好处是节省时间,而且受访者通过自身的独特视角和经历,互相启发和激励,能够发现很多在单人深度访谈中无法发现的问题,但焦点小组对主持人的综合能力要求很高,其要保证每一位受访者都能够顺畅地表达自己的观点。

其他的定性研究包括:投射技术,即给受访者一定的模拟场景,让他们表达在可能出现的情境下可能会做出哪些回应,以预测市场策略可能带来的结果;人类学研究,即调研人员与研究对象通过较长一段时间的互动甚至一起进行生活和消费体验,从而改善产品设计的方法;等等。

定性研究有时能够揭示定量研究不能够发现的问题。仍然以手表行业为例,近年来,智能手表和手环等可穿戴设备因为其丰富的功能和时尚的设计而获得了消费者的认可。根据数据调研机构 Counterpoint 发布的信息,与 2020 年相比,2021 年智能手表的销量涨幅达到 23.8%,苹果、三星、华为等科技巨头占据了市场份额的前三位。

然而,并列第四的一个中国品牌——华米科技,对于很多消费者而言,还是相对陌生的。这样的一个新晋品牌,是怎样在竞争激烈的智能手表市场中博取一席之地的呢?要知道,智能手表除了苹果、三星和华为这样的全球性科技企业外,还有 GARMIN、Fossil 等欧美品牌,以及荣耀、步步高等国内竞争对手。

显而易见,华米科技一开始的市场策略是根据定量研究的结果而设定的,包括较低的价格、丰富的功能和时尚的设计,这与任何消费电子产品的营销策略并无二致。但随着入局竞争的品牌越来越多,这些产品特点变得不再突出,而且仅靠价格进行市场细分的方式,让很多购买了产品的消费者并不满意,因为产品之间的区别并不大。意识到这一问题的华米科技开始注重与消费者的直接沟通,通过市场反馈、访谈等方式,不断调整产品的设计理念。以记录运动为例,消费者的运动方式可能非常多元,但如果传统的智能手表只能记录户外足迹,那很多其他的运动轨迹就无法体现,消费者使用智能手表的意义就大打折扣了。目前华米科技的手表不仅能精细记录各种运动模式,还能监控健康指数,且具有强大的防水功能,适合户外运动。对于消费者而言,华米科技的手表与其他品牌的差异化就体现出来了。目前在跨境电商平台上,华米科技已成为炙手可热的国际化品牌。华米科技的成功,是与精确的市场调研结果分不开的。除了参考定量研究的结果外,华米科技也重视访谈、对话等定性调研的结果,因而大大获益。

⚡ 第三节　跨境电商营销调研特点

　　和传统行业相比,跨境电商营销调研可选择的余地更大,同时也要面对更多的困难。对于传统行业而言,通常其已经在一个或多个国家市场经营了较长的时间,对于该市场的基本情况有一定的把握,因而其营销策略也会更加有的放矢。

　　对于跨境电商而言,通常面对的是陌生国家的市场。企业即使之前对该市场有一定的了解,但也仅局限在某些品类上。因此跨境电商营销调研的第一步,应当是尽量从不同角度深入了解该市场。换言之,探索性调研应当是所有跨境电商营销调研的第一步。如果条件允许,企业应当频繁到当地市场进行实地考察,进行人类学意义上的互动与交流。例如,如果企业打算给当地年轻人提供运动型智能手表,那就应当派遣同样热爱运动的年轻员工,与当地消费者一起进行运动,从而较为全面和深入地了解市场。以印度为例,印度最为流行的运动是板球,至少有一半人口观看和参与,板球运动的商业价值高达数百亿甚至数千亿美元。如果不加调研就将记录跑步、健身等功能的智能手表投放到印度市场,可以想象,消费者一定不会提起太大的兴趣。

　　国际性的电商平台、媒体报道是很有价值的二手数据。一方面,最具代表性的产品与品牌通常会占据头条,其成功要素也会被反复分析和讨论;另一方面,这些信息也能够反映消费者会有哪些具体的偏好和特点。以巴西市场为例,通过观察,巴西消费者喜爱色彩鲜艳、设计独特的快时尚服饰,中国品牌 SHEIN 因此推出了针对性的产品设计,获利数亿美元。

　　如果有条件,企业可以直接与员工、供应商以及企业关系网络中的其他成员进行沟通。企业的成败事关他们的利益,因此他们通常也会直言不讳地表达自身的观点。以近年流行的女性瑜伽裤品牌 Lululemon 为例,该公司为员工出资,鼓励他们在业余时间真正去健身房进行瑜伽活动,并且把对产品的期待反馈给公司,让公司进一步改善产品设计。

　　在充分进行探索性调研之后,跨境电商企业可以采用如下方式来进一步进行分析。对于消费者和品牌而言,跨境电商购物是一种互相寻找的过程,双方在信息不对称的前提下,通过互联网寻找能够让产品价值最大化的可能性。因此,跨境电商营销调研的第一个特点是对关键词的依赖。消费者是通过关键词进行产品检索的,因此跨境电商在关键词问题上必须进行搜索引擎优化(search engine optimization,SEO)。消费者在跨境电商平台购物,通常是出于经济实惠、方便快捷等原因。面对平台上成千上万的品牌和产品,大多数消费者不会穷尽浏览,而是在前几页搜索结果中选择最适合自己的。通常而言,消费者会输入一个或几个关键词进行产品搜索。如果关键词较为准确,消费者可能会直达他们所想要检索和选择的产品。但如果关键词不够准确或过多,品牌就不会出现在消费者检索结果的前列。如果品牌无法在搜索结果的前几页出现,那被浏览和选择的概率就非常低了。搜索引擎优化就是让自己的产品和品牌信息能够出现在靠前的位置,而关键词的准确性起到了决定性的作用。

准确的关键词可以由电商平台的数据或功能提供,也可以通过搜索引擎完成。其中,较为常见的一种形式是利用 Google AdWords,即使用谷歌关键字广告来推广网站的付费服务。该服务的关键在于,企业制作广告或宣传语后,谷歌利用大数据提供关键词的建议,即哪些关键词在哪些语境中可能更具效力。SEO Book Keyword Tool、Keyword Tracker 等都提供类似的功能。另外,企业也可以通过参考关键词趋势网站,如 Yahoo Buzz 或 Google Zeitgeist 等,寻找最新最流行的关键词信息。

当然,关键词和 SEO 并非是万能的。首先,消费者每次搜索的时间、地点和内容都不会完全一致,因此以一个或几个关键词进行搜索引擎优化,并不能保证消费者总能看到品牌。例如,某智能手表品牌认为,运动、续航是最重要的关键词。但伴随着技术的革新,消费者开始对独立通话功能更加青睐,那么该品牌的搜索结果将再次无法出现。其次,只看重关键词,容易形成管理者的"隧道视野"(tunnel vision)效应。也就是说,管理者认为某个关键词是产品的灵魂,而且一味地通过该关键词将品牌推向搜索结果的前列。但消费者是精明的,他们会意识到企业在有意进行搜索引擎的优化,并不轻信搜索结果。

这时,市场调研就需要用到另一种方法——社交网络。与搜索引擎相比,社交网络数据不仅可以反映某品牌的即时市场表现,也可以体现其历史表现,包括成长经历,怎样成为爆款,遇到怎样的危机,等等。类似 Sprout Social 这样的社交媒体服务企业就会帮助中小型企业进行企业数据分析和提供管理建议。通过社交媒体数据,企业可以了解很多信息,包括消费者怎样使用产品和服务,消费者对产品或品牌的满意和不满之处,消费者对产品的未来期待,消费者自身的消费兴趣,以及哪些广告和社交媒体内容更能够打动消费者,等等。例如,2018 年,OLAY 品牌发现中国消费者对于面霜的不满之处在于使用的油腻感,因此在社交媒体上画龙点睛地提出空气霜的清爽和使用的便捷性,一下子形成巨大的热潮,吸引成千上万的消费者转发和互动,形成了非常好的宣传效果。

总而言之,跨境电商营销调研既是挑战,也是机遇。只有充分理解市场和掌握不同调研方法的企业,才能够在不断翻涌的市场条件下做大做强,走向蓝海。

结语

对于大多数企业而言,管理者需要解决纷繁芜杂的日常问题,无暇顾及中长期发展方向,这种营销短视症现象对于跨境电商而言仍然存在。无论是定量还是定性分析,都应当深入结合跨境电商营销调研自身的特点与需求,慎重选择,灵活应用。

无论是开篇提到的 Bellroy 皮具,还是智能手表的后起之秀华米科技,在国际市场取得成功的跨境电商品牌都有一个共性:虽然在品牌历史、生产规模上并不一定世界领先,但一定会尽力去调查和掌握市场动态,了解消费者对于产品、品牌和行业的期待,并将这些新发现应用在自己的市场策略上,从而崭露头角。

关键词

营销调研;调研设计;营销短视症;探索性调研;描述性调研;因果性调研;定量研究;相关分析;回归分析;析因分析;定性研究;观察法;深度访谈;焦点小组;关键词;SEO;社交媒体调研

思考题

1. 跨境电商为什么必须进行营销调研?

2. 定量和定性研究有哪些主要方法?

3. 除了关键词和社交媒体,跨境电商企业还可以怎样进行市场调研?

第五章
跨境电商营销组合

学习目标

1. 跨境电商营销组合的要素；
2. 跨境电商营销组合与传统行业的异同；
3. 跨境电商营销组合与品牌。

导入案例

ZARA

2019 年末爆发的疫情给全球经济带来了巨大影响。亚洲基础设施投资银行（AIIB）首席经济学家埃里克·伯格洛夫（Erik Berglof）曾指出，疫情扰乱了全球价值链，而能够更快重塑价值链的国家和企业反而可以实现经济升级。

对于全球服装业巨头 ZARA（飒拉）品牌而言，门店业务无疑受到重大打击，超过 1200 家门店永久关闭。但同时，ZARA 的国际电商业务却柳暗花明：自 2017 年以来，ZARA 的网上销量就一直保持两位数增长，2020 年疫情期间涨幅甚至达到 64%，净销售额攀升至 59 亿欧元。ZARA 品牌是怎样做到稳定成长的？

1975 年，学徒出身的阿曼西奥·奥尔特加受到一部老电影《希腊人左巴》的启发，在西班牙西北部的拉科鲁尼亚开了一家小服装店，并模仿电影人物名字的发音将服装店取名 ZARA。经过 40 多年的发展，ZARA 已经成长为全球服装业的领先品牌，业务遍及全球 80 余个国家和地区。

从经济学理论出发，纺织服装业属于典型的劳动密集型产业，发展中国家可依靠便宜的劳动力成本，发达国家在生产、物流等方面并不具有比较优势。以市场营销学视角思考，服装企业应当尽量贴近消费者，尤其是把握意见领袖的观点。世界的时尚潮流中心位于巴黎、米兰、伦敦、纽约等城市，而西班牙并不以把握时代潮流而知名。

但 ZARA 却成了时装业的佼佼者，而且在转型跨境电商方面，其品牌导向独立站也非常成功，在后疫情时代延续了其门店的成长势头。很多分析人士认为，ZARA 品牌是时尚服饰界的非典型案例。高端服饰品牌往往利用有限的商品库存和高昂的成本作为卖点，而大众服饰品牌则靠的是物美价廉。但 ZARA 开创了快时尚（fast fashion）模式：首先，产品经过精心设计，与大多数低成本服装品牌拉开距离，但同时其供应链已经成熟,不会推高生产仓储物流成本,终端价格往往在大多数消费者可接受范围内。其次,无论是实体店还是其品牌独立站,都能够把握大众的品位和喜好,成为很多消费者的首选。最后,ZARA 并不盲目邀请明星代言,经常进行有效、短期的促销活动,很少造成库存积压,资金压力较小。在和一众高端和大众品牌的竞争中,ZARA 的产品、价格、渠道和促销都取得了很好的效果,使其品牌深入人心。

需要注意的是,多家国际服装企业曾经在互联网上表达过与新疆棉花有关的错误言论,其中也包括 ZARA 的母公司 Inditex,但 Inditex 很快就悄悄撤掉了相关声明。这可能也是 ZARA 善于从错误中总结经验教训,及时为品牌资产止损的一个例子。

思考题:

1. ZARA 是怎样平衡营销组合的各要素的?

2. 中国品牌应当怎样和 ZARA 在互联网展开竞争?

营销组合(marketing mix)的概念最早由美国密西根大学教授杰罗姆·麦卡锡(Jerome McCarthy) 提出,包括 4P,即产品(product)、价格(price)、渠道(place)和促销(promotion)(见图 5 - 1)。其他学者在此基础上,提出了更多组合要素,包括人(people)、流程(process)、包装(packaging)、公共关系(public relations)、政治(politics)等,但大多数教材与论文沿用的仍然是经典的 4P 理论。本章将沿用该模型,说明跨境电商营销组合的特点与主要问题,以及与品牌管理的关系。

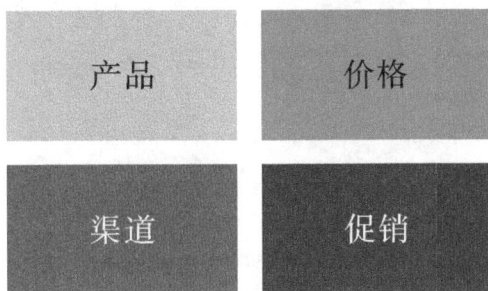

产品	价格
渠道	促销

图 5 - 1 4P 模型

🖱 第一节 跨境电商营销组合:产品

一、产品概念

市场营销学大师菲利普·科特勒(Philip Kotler)将产品定义为市场上可引起消费者注意,为满足特定需求并进行使用和消费的任何事物。因此,产品不仅包括传统意义上农业、制造业的有形产品,也包括各种广义的无形产品,如服务、理念、创意、时间、地点等。例如,当消费者在互联网上点播一部电影,电影背后的剧本、演员的付出、视频网站所提供的软硬件,以及其他观众所贡献的评论与弹幕等,都是产品的一部分。

　　根据传统行业的特点,产品的概念共分为三个层次,即核心利益、实体产品、延伸产品(见图5-2)。首先,企业为市场提供了实体产品,如一辆汽车或者一瓶洗衣液。以汽车为例,消费者首先对实体产品的特性加以认知,包括外形、颜色、质量、品牌形象等。其次,大多数国家的汽车市场都同时存在很多生产商,因此消费者还会对延伸产品的属性进行比较,如质保时间、售后服务、分期支付、上手难易程度、客户关系管理水平等。最后,最终决定消费者购买意愿的,仍然是产品的核心利益。例如,几款汽车无论是在质量、设计上,还是在售后服务和客户关系上,表现都很出色,但其中一款汽车是消费者在童年时期就因为玩具模型而留下了深刻的印象,因此购买这一款汽车的目的不仅仅是代步工具,更是一种"圆梦"或者"情怀",那么这就是典型的产品的核心利益。目前市面上的汽车品牌纷纷重视在影视作品、周边产品、竞技比赛、消费者口碑中的存在感,其目的就是希望通过提升产品的核心利益来吸引消费者。

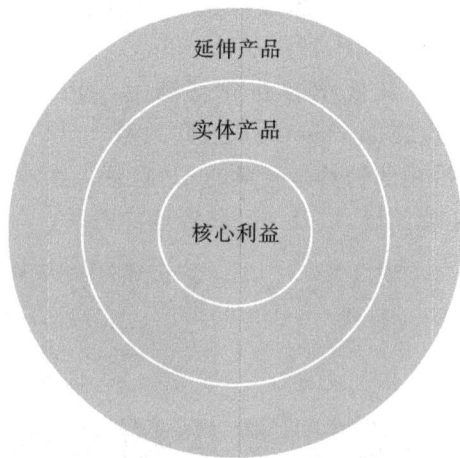

图5-2　传统行业的产品概念

　　对于跨境电子商务而言,该产品概念是否还能够延续?核心利益—实体产品—延伸产品的基本逻辑仍然存在,但是,驱动消费者购买动机、意愿与行为的逻辑已不再是线性的(见图5-3)。对于跨境电商消费者而言,由于无法直接感知、触摸、试用产品,甚至由于时差、语言障碍和文化差异,与商家的沟通也不如传统行业顺畅,因此延伸产品反而成了决定消费行为的首要因素。消费者在进行跨境电商购物时,首先接触的是延伸产品:网络是否顺畅,产品页面是否容易理解,功能是否便于操作,是否接受消费者的支付方式,物流速度是否够快,包装是否严密等,这些是网购消费者最关心的问题。

　　在经过比较与尝试后,消费者会对跨境电商的品牌、商铺与平台加以认可。例如,由于疫情影响,一位消费者不得不从传统零售业转向电商。在尝试了亚马逊或者速卖通后,发现某品牌的口红价格适中、质量上乘、设计感十足,因此,消费者的购物车、收藏夹里就会常驻该品牌和平台。今后消费者在购买其他化妆品时,也会优先在该平台和品牌中选取。同时,实体产品在消费者决策中处在了较后的位置。例如,另一位消费者

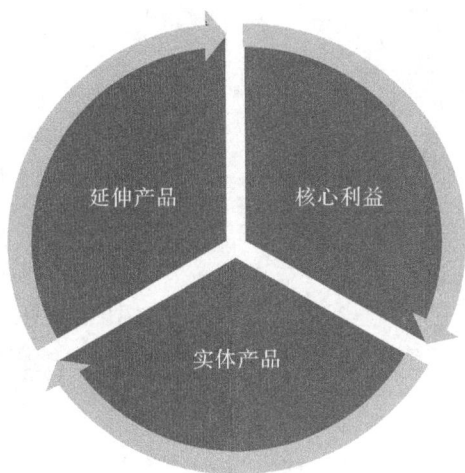

图 5 - 3　跨境电商的产品概念

打算在电商平台购买零食，但并无一定的实体产品名单。在浏览了诸多购物 App，比较了各品牌的营养、口感和物流时间后，最终选择了某品牌的巧克力。可见，实体产品并不一定是消费决策的开端，而有可能是末端。

二、跨境电商产品策略

　　跨境电商应当怎样制定产品策略？如何平衡跨境电商产品与品牌的关系？首先，跨境电商应当审视产品如何提升品牌价值。2014 年，美国新闻媒体报道了销量最高的十款产品，其中包括了索尼游戏平台 PS5、辉瑞降胆固醇药物立普妥、丰田卡罗拉轿车、苹果 iPad、Bloomsbury 等出版社的哈利·波特系列小说，以及乔治·卢卡斯工作室的星球大战系列电影等。这些产品的最新版本与初代相比，无论在外形还是在性能方面都已经有了巨大的提升，产品背后的品牌更是获益良多。

　　这一基本原理也适用于跨境电商。"品牌是企业的宣言，而产品只是顺带的产物。"换言之，企业与市场、消费者的关系是由品牌维系的，而产品则会随着经济与技术的进步不断更新。如果企业拘泥于产品本身，而忘记了对品牌的培养和维护，就会被竞争对手和市场逐渐拉开距离。一个较为知名的案例是创立于 2013 年的企业 Juicero。该企业宣传一款果蔬榨汁机（见图 5 - 4）因为使用果蔬塑料包，所以终身免洗，适合生活节奏快的现代白领，而且榨汁时压力超大，能举起两台特斯拉，能够最大限度地制作营养丰富、口感卓越的果蔬汁，并邀请一些名人代言，售价 699 美元。但消费者发现，果蔬包其实用手也能榨，而且更省时。该企业在众多消费者已经产生疑虑的情况下，仍然坚持该产品是无比卓越的说法，直到几年后关门大吉。企业如果意识到，消费者对于健康、便利的追求是不变的，那么推出更好的产品，其实是亡羊补牢。但正因为公司不愿意承认第一代产品的问题，最终消费者只能彻底放弃对该品牌的信赖。

第五章　跨境电商营销组合

图 5 - 4　Juicero 榨汁机

其次,品牌建设如果没有出色的产品支持,也将会缺乏动力,最终造成资源和时间的巨大浪费。下面以早期的互联网公司——博(BOO.com 以下简称博公司)为例。在互联网行业崛起的 2000 年,几位瑞典创业家合资在伦敦创立了该网站,主营业务为运动休闲服饰。在 20 多年后的今天看来,跨境电商经营运动休闲服饰其实是不错的创意,而且当时并没有竞争对手。博公司的本意是希望深耕国际电子商务的运动休闲市场,将亚马逊的一部分业务做得更加精细时尚,从而吸引细分市场的消费者。公司将总部开设在伦敦房租最昂贵的金融区,高管也经常参加各种全球商务活动,市场期待很高。但经过实际运营才发现,设计、仓储物流、全球业务管理等成本远超过销售产品的收益,消费者在一段时间的尝试后觉得博公司的延伸产品与核心利益都非常有限,博公司最终失败。

近年来,国内的很多互联网企业仍然在重复这样的问题,要么执着于制作出一款爆品在全球大卖,要么醉心于在投资、金融方面花功夫,希望通过炒作品牌概念吸金,从而一步登天。采用这两种做法,的确有少数企业获得了成功。但正如数据的正态分布一样,大多数企业必须积极稳妥地生产产品、建设品牌。一味强调小概率事件,对国民经济和创业人士可能会产生误导。

最后,产品战略需要根据跨境电商的业态和成长路径进行修正。对于很多跨境电商企业而言,为了不同的国际市场,需要对自身的产品和市场营销策略加以改变。按照企业国际化战略知名学者巴特利特(Bartlett)与高沙尔(Ghoshal)的理论(见图 5 - 5),当企业在国内市场经营状况良好,没有太大的成本压力,对于国外市场也仅仅是进行探索,迎合国外消费者的本土化压力也较小时,则可以使用国际战略,也就是说,将国内市场的成功产品投放到国际市场。对于跨境电商而言,外贸工厂属于比较典型的适合国际战略的业态,国内品牌出海是这种战略的高级形式。

随着国外市场销量的提升,企业的运营成本将提高:可能需要海外仓,更大的物流成本,更多的宣传费用,以及更多的原材料、人力成本等。因此,为了压缩成本,企业可能尝试将在 A 国热卖的产品也投放到 B 国、C 国等,从而利用规模经济带来的效益提

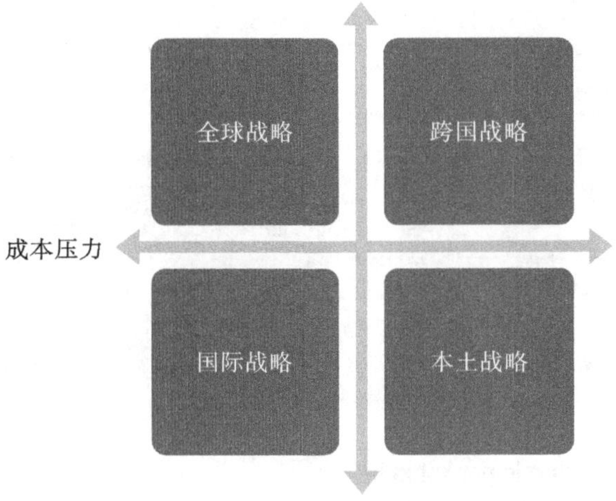

图 5 – 5　Bartlett 与 Ghoshal 国际化战略矩阵

升利润。跨境电商中,B2B 企业会较为常见地使用这种战略。全球战略对于产品导向独立站比较合适,即通过优势单品的成功,逐步扩展至相关品类,提升品牌形象。

　　与上述情况相反,有的企业无法做到仅靠单品在海外拓展,因此需要开发各种产品才能满足不同国家市场的需求,因此逐渐出现在 A 国的产品线为一种组合,而在 B、C 等国的产品线又是另外的组合。这样的业态无法通过规模经济最小化成本,只能通过本土化来提升每一个市场的收益,因此本土战略更加适合。追求流量和渠道的独立站可以应用该战略,因为这类电商企业要么靠大量吸收加盟企业吸引消费者,要么凭借经营好几个独立站来适应不同地域的用户。

　　当企业已经拥有了较为成熟的很多产品线,成本也凭借成功的经营管理压低之后,就可以考虑跨国战略,即同时在不同的地域进行本土化,但总体成本又能够因为不同地域部门之间的资源共享而得以控制。平台卖家属于典型的跨国战略,海尔、华为等少数优秀企业也已经完成品牌出海,可以看作跨国战略的成功例子。

　　对于多数中小企业而言,其跨境电商战略仍然停留在第一阶段,仍然在通过关键词和社交网络数据摸索适合国际市场的产品。近年来,一种比较合理的方式是众筹,即通过预购的形式,让消费者得以体会产品的概念、创意和价值,从而判断市场的动向,这样不仅缓解了企业初创阶段的资金压力,也能够更好地理解消费者的需求。对于其他一些品牌而言,可以让消费者参与设计(如球鞋),或者举办设计比赛(见图 5 – 6),从而以较低的成本得到很多品牌忠诚度较高的消费者的宝贵创意。

　　总体而言,跨境电商的品牌概念和传统行业相比,已经发生了嬗变,不应以过去的经验看待跨境电商的产品开发与市场推广。产品与品牌之间相辅相成的关系在跨境电商行业中被加速和放大,因此,无论是过于依赖产品,还是过于强调品牌,都不是可持续发展的品牌管理手段。同时,不同的跨境电商业态应当选取合适的国际化战略,以减少风险,提高收益。

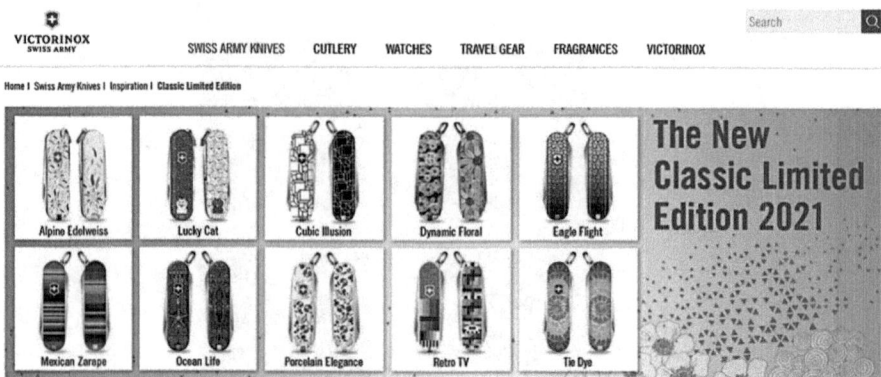

图 5-6　瑞士军刀设计比赛

第二节　跨境电商营销组合:价格

对于产品本身而言,价格是消费者为了获取产品或服务所需要支付的金额。但消费者所需求的,往往会超过产品本身。例如,购买了家具的人,希望能够送货上门并安装;购买了乐器的人,期待有配套的维修保养和教学服务;选择临期产品的人,则希望价格能大幅下调。因此,价格可能同时反映了产品本身的成本,以及商家在背后的其他辅助性付出。合适的价格,对于跨境电商的品牌管理将起到决定性作用。根据跨境电商平台 Shopify 的统计,价格是 74% 的跨境电商消费者决策中的关键要素。本节将讨论定价的基本原则,以及这些原则在跨境电商中的应用。

一、定价原则

对于营销组合而言,产品受到上游供应商的支配,渠道需要与仓储、物流、零售等企业合作,而促销则需要与广告设计公司、媒体等携手。定价是管理层唯一可以完全自行决定的营销组合要素。一般而言,价格应当符合一定的定价原则。定价原则可分为三大类:成本定价、市场竞争定价、顾客价值定价。

1. 成本定价

成本定价,顾名思义,是企业将原材料、生产、仓储物流、销售、售后服务等所有环节的花费叠加,平均在一定时期内产品数量之上,并综合考虑回报率和产品再开发等因素的定价方法。

假设一家中小型家居产品企业主要通过跨境电商出口欧洲。由于欧洲市场对工艺蜡烛的需求较为稳定,该企业计划在未来一年投入生产工艺蜡烛。通过对用地、厂房、设备的采购,企业初步形成了生产工艺蜡烛的硬件设施。由于用地、厂房、设备等资产的损耗较小,可忽略不计,因此,可以将资产的购买和折旧看作固定成本。蜡烛的主燃剂、发色剂需要按产量购买,并且消耗水电等资源,需要雇佣工程技术人员和劳动力,以及会产生国际仓储物流、入驻平台、宣传等费用,这些成本会随着产量的提升而增加,可看作可变成本。因此,总成本的上升趋势会与可变成本一致(如图5-7所示)。总成本除以产量就获得了平均成本,因此企业可以根据自身对于未来生产计划的制订,在平均成本上加上固定的比例(如20%)作为收益率,从而获得产品价格。由于脚踏实地,简单易行,因此很多初创企业倾向于使用成本定价。

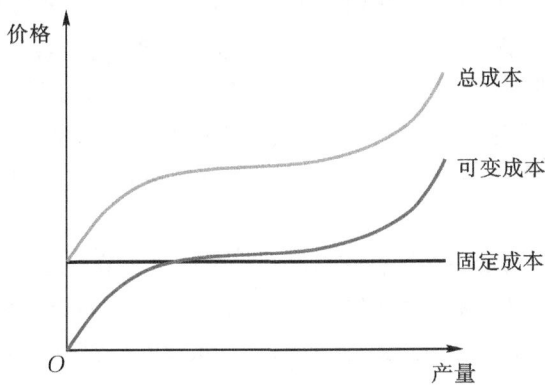

图 5-7　产品成本构成

　　成本定价的好处是显而易见的。首先,从公司财务角度而言,计算简洁明了,且由于价格能够保证稳定的收益,企业能够较为稳妥地对研发和生产规模进行追加投资,同时投资人也能够获得稳定的回报。其次,企业通过自身成本定价,避免与其他企业进行价格战,这对于品牌形象的塑造也有利。

　　但是,成本定价的局限性也较大。首先,成本定价无法反映市场和消费者的实际需求,定价的结果可能是闭门造车,过于昂贵或者过于便宜,对于企业发展不利。其次,在生产过程的初期,由于固定资产的投入很高,价格可能会偏高甚至天价,且又没有固定的消费群体,很可能导致越贵越无人问津,越无人问津价格越贵的恶性循环。

　　以前面章节提过的红葡萄酒为例,如果红酒单瓶价格较高,大多数消费者可能只会逢年过节偶尔购买一瓶品尝。而小量进口只能通过已经灌装好的玻璃瓶包装,不仅重量大,而且易碎,成本很高,因此零售价格也会水涨船高。相反,已经在市面流行的红酒可以利用大桶或袋散装运进国内,然后再在国内采购酒瓶进行分装,成本会明显降低,且对口感的影响也微乎其微。因此,国内红酒的价格离散程度很高,除了产品本身的原因之外,成本也会带来巨大的影响。

2. 市场竞争定价

　　为了克服成本定价的局限性,企业可以转而选择市场竞争定价的方式。相比于成

第五章　跨境电商营销组合

本定价只考虑成本这一个因素,市场竞争定价的考量会更加综合。在价格的基础上,市场竞争定价还需要参考市场的总供给水平,对位竞争的其他企业的定价方式,以及企业自身的短期战术和长期策略等。除去这些企业和市场层面的因素,市场竞争定价还可能需要关注政治、经济、社会等因素的短期变化和长期趋势。

市场竞争定价的基本方式是参考对位竞争企业的价格,可以持平、低于或高于对手。持平的目的在于通过增加产品的附加值,逐渐获取市场的认可;低于对手的主要目的是在短期获取消费者的兴趣,但由于造成企业的实际损失,通常不应作为长期原则;当价格高于对手时,企业管理者必须有充足的理由确认产品性能、质量以及在品牌形象上远远超过对手,否则容易将市场份额拱手让人。

当产品和服务背后的价值链相对复杂,市场竞争定价如果只参考对位竞争企业的价格,则可能有一定的误导性。消费者选择产品和品牌,大多数情况下会综合考虑产品的整个价值链,而并非产品本身。例如,在选择家用电器这样的耐用消费品时,可能会考虑到售后服务和品质保证;在选择食品饮料这样的快速消费品时,则可能会顾及产品可能的安全问题。如果竞争对手产品背后的价值链更加成熟,则市场竞争定价可能会有一定的风险。

市场竞争定价的好处主要在于将定价的主动性掌握在企业自己手中。如果企业初创时期成本居高不下,或者在特定情况下由于供应链失控而导致无法正常供货,价格频繁波动,有可能造成顾客的大量流失。而随着固定成本被摊薄,市场竞争定价也会给企业带来更大的利润。

市场竞争定价也有其局限性。首先,由于价格与市场竞争挂钩,那么对于综合浏览整个市场供给的消费者而言,该品牌就不会有任何令人眼前一亮的独特性。其次,由于总是跟在市场竞争对手之后,企业的定价可能会被牵着鼻子走。如果其他企业的实力更加雄厚,长期将价格压在很低的水平,则新品牌将可能无法渡过初创期的艰难时刻。对于跨境电商而言,消费者的检索结果的前几页可能都是销量和品牌排名靠前的产品。如果其他竞品采用市场竞争定价,则消费者对于向后浏览的兴趣必然非常有限。

3. 顾客价值定价

除了以上两种定价方式,企业还可以选择顾客价值定价的方式。所谓顾客价值,是指在消费者认知中产品的价值。顾客价值不一定与成本或市场竞争契合。以传统行业而言,企业的定价过程是循环前进的。企业在特定的技术标准下,采购特定价格的原材料和生产设备进行产品开发。在产品开发完成后进入市场,根据市场情况进行定价。消费者在了解产品性能和价格后,形成特定的感知价值,并通过购买、评价等方式将满意度反馈给企业,企业凭借反馈修正之前的产品理念,进行产品的升级或下一代产品的再开发(见图 5-8)。

在这一过程中,成本定价在产品开发阶段确定,市场竞争定价在进入市场的过程中完成,顾客价值定价则在消费者感知价值阶段确定。换言之,三种定价方式的出发点不同。对于顾客感知定价而言,是将顾客作为主体,而企业作为与之配合的客体,并且尽力通过对产品理念和成本的选择来实现消费者感知价值。

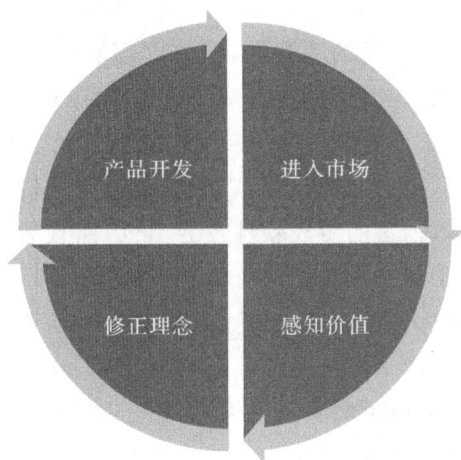

图 5-8　产品定价流程循环

　　例如，某款手工艺品成本低廉，而商家通过对比市场价格后，制定了高于大多数竞品的价格。在节假日前，消费者通过浏览电商平台，发现该款工艺品的设计非常符合自己的品位，因此认为该产品是独一无二的最佳选择，从而立即下单购买。同理，假如某企业发现小家电的销量不错，并推出与竞品性能与设计较为相似的产品，且价格更低。但消费者在比较后，发现其他品牌的销量较高，好评也较多，而该品牌虽然价格低廉，但缺乏特色，因此宁可付出更高的价格去购买市场认可度更高的竞品。

二、跨境电商定价策略

　　投资信息网站 Insider Monkey2021 年的一篇文章列举了跨境电商平台亚马逊上能够买到的最昂贵的商品。其中，画家尼古拉斯·罗伯特（Nicolas Robert）的一幅鹦鹉画作标价达 27.5 万美元。诚然，艺术品卖出天价的情况并不罕见。与动辄上亿美元的波洛克《1948 年第五号》、克里姆特《阿黛拉》等相比，这幅《鹦鹉》可谓价廉"鹉"美。但是，考虑到传统拍卖行带来的巨大溢价效应，对于大多数人而言，在跨境电商平台寻找价格合适的产品，是与梦想更近的方式。

　　无论是因为收购这幅画花费了类似的成本，还是年份和艺术价值相似的画作就应该卖这么高，或者艺术品收藏家们认为 20 多万美元是合适的价格，该画作的定价自有其原因，任何一件跨境电商平台上的产品的定价亦然。但是，并非所有的跨境电商定价都应当一成不变。除了产品的成本、竞争对手的策略以及消费者感知价值外，企业本身的长期战略、企业在彼时彼刻的经营状况、宏观经济的波动情况，以及其他任何影响价格的内外部因素，都有可能造成定价的成功或失败。

　　传统行业的定价策略也能够应用于跨境电商。例如，撇脂定价（price skimming）是指企业在产品首发时，由于没有竞争对手而将价格定得较高，不仅能够获取丰厚的利

第五章　跨境电商营销组合

润，而且能够树立高端的品牌形象，一举两得。对于跨境电商而言，由于不同市场之间更容易存在信息不对称性和技术的垄断性，因此更容易出现撇脂定价的机会。电子商务发展史上较为有名的撇脂定价案例是索尼公司的 PlayStation 3 游戏主机（以下简称 PS3）。PS3 于 2005 年在北美发售时，最高卖到 600 美元，而其同时期竞争对手微软 Xbox360 的定价仅约为其一半。索尼之所以敢实行撇脂定价，是因为 PS3 使用了当时较为先进的蓝光光驱技术，独占的游戏软件较为出色，而且故障率比 Xbox360 也更低，从而获得了好评，因此敢于以接近 2 倍的价格进行出售。

同理，渗透定价（price penetration）指企业在发售产品时将价格故意定在较低水平，以吸引更多消费者。这样虽然牺牲了一定的利润率，但能够同时提升销量与市场份额，从而形成规模经济，并形成长期的消费者忠诚度，之后可以逐渐将价格调整回合适的程度。在跨境电商娱乐产业里，网飞（Netflix）无疑是领先者。自 2007 年开始提供流媒体服务以来，其就以出色的产品内容和灵活的订阅方式而占据了大量的国际市场份额。因此，当迪士尼公司意图在流媒体领域进行竞争时，大多数消费者早已是网飞的订阅用户了。因此，迪士尼 2019 年推出的 Disney+ 流媒体订阅服务平台并没有与网飞正面竞争，而是选择了渗透定价策略。根据统计数据，当时消费者对于流媒体订阅的心理价位分别是：网飞每月 11 美元左右，而迪士尼 15 美元左右。由于迪士尼是老牌影视娱乐品牌，内容老幼皆宜，因此心理价位略高是可以理解的。但迪士尼竟然将价格定为 6.99 美元，不仅远低于消费者的心理价位，而且也比网飞的实际价格低了一截。迪士尼这样做的主要原因就是考虑到消费者可能难以舍弃网飞的内容而转投迪士尼，因此，6.99 美元的价格让消费者可以同时负担两个流媒体订阅包，从而逐渐培养消费者的忠诚度。

另一种适用于跨境电商的定价策略是动态定价（dynamic pricing），即在不同的时间地点将同一种产品或服务以不同的价格提供给不同的消费者或者细分市场。动态定价的优点在于，通过灵活调整价格，允许零售商充分利用不同的市场条件，最大化产品的价值，带来更为可观的利润。动态定价最为典型的例子包括国际机票、手机软件打车等。当然，动态定价的缺点也很明显，首先，消费者会察觉价格波动的情况，并且对产品和品牌产生疑虑；其次，动态定价需要较为先进的算法支持；最后，动态定价会让品牌的价格区间大幅增加，因此产生更多的竞争对手，从而令竞争更加白热化和复杂化。

亚马逊平台对动态定价的使用在跨境电商行业中是非常典型的。亚马逊每天要对平台上的产品进行超过两百万次的调价，而调价的依据包括市场需求、库存、消费者购物偏好以及购买的时间地点等。国际大型零售电商对动态定价的使用也非常普遍。对于国内品牌而言，动态定价不仅是必需的，而且应当花大力气研究其算法与应用。

虽然跨境电商定价策略千变万化，但核心原则是服务于企业自身的长期策略，不能为了争一城一地之得失而影响品牌资产。

第三节 跨境电商营销组合:渠道

无论是营销组合中简称的 place,或者其正式称呼 marketing channel,又或者一些书籍中的叫法 distribution,都指营销渠道或分销渠道。在金融行业中流行的"现金为王"(cash is king),是说虽然资产有很多种形式,但现金的流动性最强,偿还能力也最高,风险较小,尤其在复杂的国际投资环境中,现金对投资者而言属于非常有利的资产。

在市场营销中,也有类似的观点,即"渠道为王"(channel is king)。也就是说,无论企业的产品如何出色,定价如何合理诱人,若后续的促销手段包括广告宣传、公共关系等未得到妥善处理,即渠道建设如果出现问题,品牌也将很难长期占据市场。反过来,即使企业的产品、价格、促销、品牌等方面表现平平,但在适宜的时间地点为消费者带来了合适的价值,而其他竞品却纷纷缺席,那消费者别无选择,只能购买该企业的产品。本节主要讨论营销渠道的基本原理,以及跨境电商渠道选择与建设的策略选择。

一、渠道管理

无论企业规模大小以及是属于传统行业还是跨境电商,渠道结构基本上可以分为三类。第一种是传统的生产商-批发商/零售商-细分市场的结构,第二种是生产商-细分市场的结构,第三种是生产商-跨境电商-细分市场的结构(见图 5-9)。对于大多数企业而言,由于资金、人力、国家市场等限制,需要首先寻找批发商将大宗商品售出,然后批发商再与下游的零售商签订合同分销产品,零售商则直接服务不同的细分市场。这种传统的渠道结构对于生产企业而言,主要有三个优点。首先,由于不用花费人力物力建设渠道,企业可以专心提高生产效率,增加研发力度,从而提升产品的价值。其次,产品交付给批发商后,也相应转移了风险,企业无须过于担心市场的波动。最后,生产商和批发商可以在不同的国家和地区选择合适的零售商,可以用最短的时间建立与消费者的接触,从而开始品牌建设。

图 5-9 分销渠道结构举例

但是,这种渠道的缺点也是显而易见的。首先,由于生产商需要依赖批发商消化产能,生产计划和定价权几乎完全掌握在批发商的手中,生产商的利润空间会所剩无几。其次,由于批发商和零售商与消费者的联系更加紧密,相对生产商而言,批发零售的品牌资产会上升更快,获得更为长远的利益。最后,生产商与消费者之间横亘至少两层渠道商,因此对于消费者的真实想法与期待的获取会相对滞后,因此可能在新产品开发和客户关系管理等问题上滞后。

因此,随着生产规模的扩大和品牌形象的树立,生产企业开始尝试直接与消费者建立联系,建设直营渠道。以手机和个人电脑为例,越来越多的品牌开始建设体验店,力图缩短渠道长度,增加对渠道的控制,从而获得定价权,直接与消费者互动,提升品牌资产。虽然这样增加了运营成本,但长远来看,这种做法仍然是提升企业营销管理水平的正确选择。

随着跨境电商的发展,企业的分销渠道需要进一步拓展。权衡利弊,企业仍然有两种主要路径可供选择。如果企业专心提升产品质量和降低成本,通常应当选择跨境电商平台,这样可以获得一站式解决方案,直接进入国外市场,但同时也会失去较多的定价权和品牌成长空间。如果企业希望摆脱渠道商的影响,就必须以独立站为发展方向,虽然成本与风险较高,但品牌资产的回报也较大。

渠道的选择至关重要。下面以索尼公司为例,1979 年,索尼推出了个人便携音乐播放器随身听。在随后的十几年间,随身听几乎占据了 50% 的本土和北美市场,一时间成为时尚的代名词。索尼品牌也因此声名鹊起,音乐播放器平均要比竞品贵 20 美元。到 20 世纪末期,随着科技的进步,磁带、光碟存储介质由于空间有限,价格昂贵,面临被淘汰的风险。虽然当时市场上已经有少量 mp3 播放器出现,但索尼公司认为数字化的音乐产品不易管理,因此在转型 mp3 问题上迟疑不前。这时苹果公司适时地推出了革命性的产品 iPod,其不仅体积更小,而且存储量更大。最关键的是,苹果通过自营的软件市场,解决了音乐作品的收费问题。消费者只需要在苹果网站付费,就能下载音乐,且不用担心版权问题。表面上看,苹果的成功是科技的成功,但如果从渠道管理角度审视,其实苹果是解决了其他竞争对手未能解决的问题,即将渠道扁平化,不仅消费者不用花费高昂的费用,而且企业也能直接获益。

虽然渠道的结构简单明了,但生产商、批发商、零售商、消费者、跨境电商平台之间也是互相依赖,共同创造价值的关系,渠道流程中仍然非常容易发生问题。产生渠道冲突的原因多种多样。渠道成员的经营理念,企业的定价策略,上下游企业之间缺乏配合与理解,员工的沟通能力与技巧不足,采购与支付方式的异同,对渠道的控制程度要求差异等,都会带来渠道冲突。具体而言,渠道管理问题主要可归为两种:水平冲突和垂直冲突。水平冲突指的是在渠道中处于同一层级的企业、组织、部门或个人之间产生的冲突,垂直冲突指渠道中不同层级的企业、组织、部门或个人之间的冲突。

当生产企业在不同市场实行同一种渠道战略时,水平冲突较易爆发。究其原因,当企业为了追求营销策略的效率时,难免会使用同一种标准来要求不同的渠道商。当不同的市场条件必须要服从统一的标准时,难免会出现众口难调的情况。对于跨境电商企业而言,最为典型的情况就是将同一种产品以汇率换算后的同一种价格在不同的国家市场进行推广。由于不同市场的经济发展水平、消费者购买力、消费者偏好、购物季时间都会有差异,对于不同的渠道商而言,必然会造成业绩的高下之分,如果企业此时对处于同一层级的渠道商仅看业绩或对某一关键绩效指标进行评估,则必然会产生渠道商之间的水平冲突。

当生产企业为了克服这样的问题,在不同市场实行不同的渠道战略时,较易引发垂直冲突。这是因为同一层级的渠道商获得了各不相同的渠道战略,互相之间的矛盾减少了,但同时由于每一家渠道商失去了参照系,自身成了自身的标杆。如果生产企业提出过高要求,或者渠道商的业绩出现下滑,生产企业和渠道商之间的责任划分较为难以明确,就会容易出现垂直冲突。

另外,对于经营规模较大的企业而言,还有可能出现多渠道冲突。多渠道冲突是指生产企业为了增加市场份额,或为了减少将所有鸡蛋放在一个篮子里的风险,同时建立多条渠道在同一市场进行市场推广,而各渠道之间产生的问题就属于多渠道冲突。

出现渠道冲突,无疑会影响企业营销策略的推广,而且可能会给品牌形象和品牌资产带来负面影响。渠道冲突会反映企业渠道策略中的不足。通过对这些不足设计可能的解决方法,能够进一步提升企业的管理水平,增进企业对国际市场营销的应对能力。

二、跨境电商渠道策略

跨境电商渠道策略的制定主要取决于三个因素:企业对于自建海外渠道的需求,产品对仓储物流速度和能力的要求,以及是否需要跨境电商平台等提供的第三方物流服务。

对于初创型跨境电商企业而言,对海外市场营销缺乏经验,遑论自建海外渠道。因此,无论是依靠平台还是尝试建设自己的独立站,由于经营产品的种类尚无一定的规律,主要根据短期的市场需求而调整,产品销量也无一定规律,在这种情况下,自发货(self-delivery)是常见的渠道管理方式,通过如国际 EMS 经济快递、国际 E 邮宝等成本较低的邮寄方式,完成物流。

自发货渠道策略的优势是非常明显的。企业可以根据产品的重量大小和用户的急切程度灵活选择送货服务,灵活性非常高,容易控制成本。而且,由于自发货可以准确地进行生产或进货数量的控制,因此无须保持较高的库存,不会产生较高的费用。如果商品价值不高,也无须缴纳关税和进口增值税。但是,自发货的最大弊端就是运输时间过长。在国内备货和打包审核的过程中,消费者有可能因为急迫的使用需求而退款。同时,加上漫长的陆路运输时间,消费者的满意程度将可能因为物流而受到较大的影响。另外,由于销量较低,用户评论与反馈必然有限,无论是在跨境电商平台还是在搜索引擎上,品牌很难跃居前列。

鉴于此,随着跨境电商业务的高速发展,越来越多的企业开始选择海外仓(overseas warehouse)的渠道方式。对于发展独立站、希望在海外市场树立品牌形象的企业而言,海外仓无疑是更为理想的渠道。2021 年,商务部报请国务院出台了一个重要文件《关于加快发展外贸新业态新模式的意见》，其中就明确提出应当通过支持政策完善跨境电商出口海外仓模式。截至 2021 年底，中国海外仓数量已超过 2000 个，总面积超过 1600 万平方米。

通过选择合适的地理位置建立海外仓，能够提供较大的仓储物流吞吐量，保证当地市场送货的速度和货物质量，而且能降低总物流成本。海外仓虽然会在一定程度上增加仓储的成本与风险，需要派遣或雇佣专人管理，但仍然不失为目前较为理想的跨境电商渠道管理方式。需要注意的是，即使是海外仓，不同的企业仍然需要选择合适的策略。有的海外仓为其他卖家提供第三方物流服务，有的海外仓属于跨境电商平台，专门为平台加盟客户提供服务，而有的则专属于某家企业自身，因为企业自身成长较快，其物流业务也随之水涨船高。

海外仓除了能够大幅减少供货时间之外，还能够规避其他外部因素的负面影响，如天灾疫情、航班延误、运费波动、购物季货柜不足、自发货包裹容易损坏等。同时，海外仓建设应当注意规模的设计，并及时引入信息管理系统与国内和当地的企业管理系统进行信息共享，以及控制好仓储物流的总费用。

跨境电商企业在进行渠道建设时，还应当注意渠道的可持续发展问题。2000 年，联合国正式成立了"联合国全球契约"（UN Global Compact）组织，号召企业遵守正确的原则与价值观，其中就包括对环境保护主动承担责任，并积极开发环境友好型新技术。目前来说，大多数国内企业仍然停留在传统的供应链管理水平上，在渠道开发与维护上主要是经济考虑，缺乏对环境和人的关注。随着节能减排压力的增大，企业会逐渐尝试减少渠道中的浪费、污染等问题，增加回收再利用等政策。当企业进入国际市场，将会受到更多的公众监督，因此无论是环境保护、节约能源，还是维护生态等方面，企业都必须紧跟国际潮流，否则容易受到相关政府部门和公众群体的批评与限制。与之相对应，商务部倡导的全国供应链创新工作，就是尝试提升国内企业在渠道、仓储物流等方面的效率，在国际市场力争技术领先。无论是从提升企业竞争力角度，还是破除绿色壁垒角度，建立可持续发展的渠道，是跨境电商企业必须提上日程的重要问题。

第四节　跨境电商营销组合：促销

促销（promotion）狭义上指通过降价、捆绑销售、买一送一等手段，提升消费者对品牌的好感和感知价值，从而促使消费者进行购买，扩大销量和市场份额的市场策略。广义而言，促销指企业向消费者传达与企业、产品、品牌有关的一系列信息，加强消费者与企业和品牌之间的联系的所有行为。因此，促销对于企业而言，是一种典型的商务沟通行为，企业通过将信息传递给消费者，从而起到特定的效果与作用。对于消费者而言，促销则是典型的心理过程，包括注意力、认知、记忆、态度形成、偏好、怀旧等。

企业的促销手段多种多样，其中最主要的形式包括广告、商业推广、价格促销、公共关系等。和传统进出口行业相比，跨境电商的促销策略是营销组合中较为具有特色的。本节将具体探讨促销手段在跨境电商中的应用，以及跨境电商应当采取的促销策略。

虽然上述促销手段对于传统行业和跨境电商而言同等重要,但由于业态的具体差别,在实施促销手段时,跨境电商企业仍然不能贸然将传统行业的经验全盘照搬。从传播学角度而言,企业作为信息的发出者,以广告、公关等方式对信息进行编码,通过媒体、企业推送等方式向消费者传达信息。消费者则以自身的心理机制对信息进行解码,包括文化价值、认知能力、身份认同等角度,最后消费者以购买、推荐、评论、投诉等方式对企业进行反馈。由于这一传播过程中的角度、渠道众多,企业发出信息的来源也各不相同,故信息内容可能出现自相矛盾或者与消费者期待发生认知偏差的情况。因此自20世纪90年代以来,学者希望将促销的责任从市场部门拓展到整个企业,增强企业促销信息的统一性,并称之为整合营销传播。

企业的日常经营中,容易出现一定的传播失误。例如,在社交媒体推广时较为高调,当消费者慕名而来时却发现产品尚未开发完整,存在瑕疵,或者无法打开网页、App功能缺失等,导致消费者感知价值直线降低;对于消费者的问询,营销人员依照自己的性格随意回复,伤害消费者,从而在网络中造成病毒式扩散;为了留住消费者刻意煽情或贩卖焦虑,虽然短期内能够留住少数顾客,但长期会对品牌造成负面影响。

整合营销传播如何将整合营销传播的理念贯穿在跨境电商企业的促销策略之中呢?首先,企业向市场、消费者和其他所有利益关系人(stakeholders)所传播的信息,都应当由统一的品牌战略所指导。在制定整合营销传播方案时,应当严格遵循品牌形象与品牌成长路径的具体要求。如此一来,企业的各部门和各地区市场就能够按照相对统一的方式进行促销活动。其次,企业在开展跨境电商业务时,应当合理选择促销策略(见图5-10),既不能听天由命,加入某个电商平台后就被动接受市场变化,也不能急于求成,盲目使用促销策略,导致对品牌资产的负面影响。

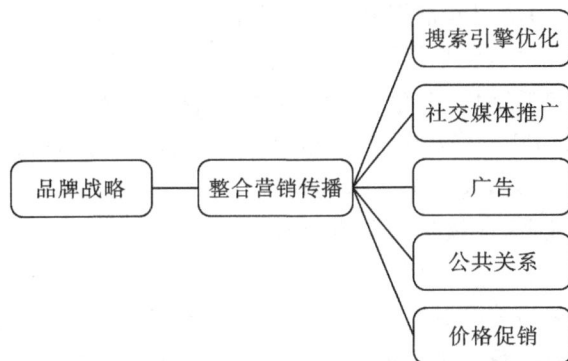

图 5-10 跨境电商整合营销传播

一、促销手段

企业整合营销传播的前提是消费者能够根据自身需要发现企业与品牌。按照Statista公司2022年的统计数据,40%的消费者利用搜索引擎寻找合适的产品,在所有的选择中排名第一。其他则包括在亚马逊电商网站上检索(38%),其他电商网站检索

（35％），社交媒体（27％），零售商网站（25％），以及品牌独立站（21％），等等。因此，搜索引擎优化（SEO）是电商企业在促销时需要完成的首要任务。

本书在第四章提及，搜索引擎优化（SEO）可以作为企业调研竞争对手和市场需求的手段。在了解市场流行的关键词和竞争对手的优化方式后，企业虽然做到了"知彼"，但对于"知己"仍需要进一步思考。通常而言，企业首先应当了解搜索引擎关于网页内容和关键词的抓取和索引的算法，并以此优化网站，从而令搜索引擎更快地找到内容，使网站在搜索结果中攀升，消费者访问量增加。另外，跨境电商平台和独立站内部也可能拥有海量数据，企业应当通过合理化设计网站和 App，让消费者能够更快捷和更准确地找到自己需要的内容。

社交媒体的重要性也毋庸赘言。无论国内还是国外，消费者对于企业传达的信息更加挑剔和苛刻。但同时，社交媒体能够令消费者保持人际交往，获取快乐，寻找到归属感。根据 DigitalMarketing.org 的报道，消费者越年轻，对社交网络的使用频度就更高。如果消费者在社交媒体上认识、接触和购买了某个品牌的产品，其在社交网络上推广该品牌的概率高达 70％，因为品牌不是以令人怀疑的营利公司形象出现，而是以"社交生活"的形象进入消费者视野的。

在信息爆炸时代，消费者的注意力和记忆力是最宝贵的认知资源，所有企业都希望以最小的代价换取消费者的青睐与认可。因此，无论搜索引擎优化还是社交媒体推广，企业仍然需要为消费者呈现特定的信息。因此，互联网时代的企业仍然应当重视广告这一促销工具，以最言简意赅的方式进行整合营销传播。

按照《中华人民共和国广告法》的定义，商业广告是指商品经营者或者服务提供者承担费用，通过一定媒介和形式直接或者间接地介绍自己所推销的商品或者所提供的服务的活动。广告作为介绍和推销商品的商务沟通活动，其内容自然是最重要的因素。广告内容也叫做广告文案，包括标题、正文、口号等。对于跨境电商而言，广告文案的正文还包括视觉元素，包括字体、颜色、图片、视频等，这些要素在下一章将进一步探讨。

公共关系（public relations）指企业、品牌、人物甚至理念与公众之间的沟通与传播关系。对于品牌营销而言，公共关系是建立社会信任的唯一途径。社会信任具体体现在公众对企业使命、业务、成绩与失误的理解、支持与谅解，并能够整合资源配合企业进行进一步互动。

事实上，社交媒体是公共关系的一种形式。对于跨境电商而言，在公共关系中应当强调产品和服务的特点，目标客户群体，以及进入该市场能够具体带来哪些价值，希望达成怎样的目的。对于品牌营销而言，还应当上升至品牌的商业价值、伦理价值，以及品牌与消费者之间应当建立怎样的长期关系。

另外，线下的价格促销手段也同样可用于跨境电商。与简单的季末或节日打折相比，企业更愿意使用电子打折券。这样一来能够产生消费者认知中的稀缺性，从而促进消费者的购买决策；二来电子打折券可通过独一无二的编码，追溯反映每一位使用者的消费习惯和喜好，有助于企业个性化投放内容。会员卡是常见的另一种价格促销形式，会员卡的隐含效果是消费者支付的沉没成本：无论是入会年费还是对产品的熟悉程度，消费者都不愿意再多花金钱、时间去适应另一个品牌的产品线。运费免除也是商家常用的价格促销手段,很多消费者会因为免运费而选择产品,甚至其价格高于其他品牌的产品价格加运费费用总和。另外,很多心理学家都探讨过"0"在消费心理中的神奇力量。例如,A 商品从 10 元降到 3 元,仍有很多人不买,但 B 商品从 3 元降到 0 元,可能会引发购买狂潮,尽管 A 的降价绝对值远高于 B。同理,商品打五折,消费者可能会觉得产品平平无奇,但如果买一送一,消费者会立刻产生更高的感知价值。另外,消费者在选购商品时,运费价格可能会形成经济学家 Kahneman 与 Tversky 提出的框架效应,即问题描述决定决策判断。例如,一位北美消费者计划以 100 美元以下的预算购买一台设备,当他在电商平台选取了 99 美元的商品时,却发现运费为 10 美元,从而认为线上购买设备不合理,彻底推翻在网上购买的念头,转而驱车前往线下商场选购。

二、跨境电商促销策略

1. 优化搜索引擎

推广跨境电商品牌首先需要通过搜索引擎。但是近年来,搜索引擎对于企业滥用算法来提高自身排名的做法进行了较为严格的管理,并将一些相关的 SEO 技术视为违规,将其统称为黑帽技术。例如,产品开发与上市通常需要漫长的周期,无法跟上市场的最新潮流。企业网站或网上商铺会利用内容自动化(content automation)生成与潮流关键词有关的信息,从而使自己在搜索结果中排名靠前,而消费者打开后却发现实际内容与搜索并不相关。由于搜索引擎重视结果符合法律、道德和商业伦理,故某些品牌可以通过算法发现竞争对手产品页面中有争议的内容并向搜索引擎打报告,处理报告意味着对手的网站和资金可能被冻结。企业还可以通过生成桥页(doorway page)的方法,在一个页面聚集热门关键词,引导消费者进入主网站。这些类似的做法都可能遭到搜索引擎的降低排名惩罚甚至永久封禁。

这些黑帽技术只能带来短期利益,对于企业品牌营销战略有弊无利。而与之相对的,是通过发现自身网站或 App 中导致用户难以搜索的技术缺陷或漏洞包括无效链接、网站结构不合理等并加以弥补的技术,这些技术统称为白帽技术,是可以接受的做法。

除了要对谷歌等搜索引擎的结果进行优化以外,无论对于电商平台,还是产品类别较为丰富的品牌独立站,消费者都无法花费太多时间一一浏览产品。如果站内搜索体验不佳,消费者可能会放弃本次购物,还会在今后转向其他竞争对手。因此,站内检索的优化同样是跨境电商企业需要注意的问题。对于意图推广品牌和产品的企业而言,除了优化网络速度与稳定性、程序开发、网站架构、数据库管理等技术手段外,企业更应当着眼于自身网站的内容优化,包括优化网站的导航页或导航栏、网站地图,以及为关键词创造锚文本等,从而减少网站使用的难度,提升消费者检索结果的准确性和产生的价值。

另外,消费者的检索方式可能与企业和网站设计工程师的思路不尽相同。例如,消费者可能会输入详尽的关键词进行精准搜索,如"索尼微单相机",可能根据产品类别搜索,如"摄影器材",也可能根据自身的特殊需求搜索,如"防水相机",还可能因为产品之外的其他考量而搜索,如"无理由退货",等等。因此,企业应当通过收集消费者的搜索历史数据,为之提供更加合理的算法与结果。

2. 注意社交网络的使用

社交网络的使用在跨境电商中是一把双刃剑。无论中文里的"言多必失",还是英文成语"silence is golden"(沉默是金),或者非洲谚语"智者的全部失误加起来也会堆成大山",都在告诫我们使用社交网络会有潜在风险。因此,在使用社交网络进行品牌宣传和促销时,要非常谨慎,不要与社会普遍接受的公序良俗或法律道德相抵触。以内衣品牌维密为例,维密于2014年在社交媒体发布了自己的宣传海报"完美身材",推广自己的产品理念。但近年来,公众对于商界透支消费对女性健康不利的模特级身材标准逐渐感到厌倦和质疑,很多消费者在社交网络发声,有上亿人次表达了对该品牌理念的反对,对品牌形象造成了巨大影响。因此,跨境电商在社交网络上一定要谨言慎行。

同时,我们应当意识到,由于文化差异和消费习惯,国外消费者通常更愿意在社交网络上表达不满。正确处理差评,其实是品牌成长的必经之路。一方面,对差评的合理应对是负责任的客户关系管理(见第七章)要求,能够将消费者的不满转换为满意,并且能区分出刻意滋事的极少数消费者。另一方面,供应商、员工和中层管理者通常懒于或不敢直接批评企业的决策,而只有消费者直言不讳,这样的负面评价也能够帮助企业发现问题,改善产品与服务。

3. 有效投放广告

广告的效果与投放力度相关。传统行业的品牌通常体量较大,价格跨度也较大,因此可以投入较高的成本,进行全面的广告宣传。无论是常见的电视、平面广告,还是户外广告牌或在闹市、商场、车站等客流密集地区做广告,都可以形成较为集中的广告宣传效应。但是,小快灵是跨境电商的天然优势,因此广告宣传的力度通常不太大。因此,如何设计和有效投放广告,是跨境电商品牌需要考虑的重要管理决策。

对于国内市场而言,广告公司众多,企业对市场有较为全面深入的了解,因此广告内容的设计较为容易。但跨境电商企业面对的是陌生的市场环境和众口难调的国外消费者,如果广告内容不能引起对方的注意,则不仅费时费力,而且可能给消费者造成"该品牌水土不服"的负面印象。

首先,跨境电商广告应当尽量做到个人化,通过市场调研和大数据的使用进行精准投放,让消费者意识到品牌与个人的联系,能够有兴趣进一步阅读、观看与了解,这是广告成功的第一步。其次,在点击广告后,不能让消费者有"上当受骗"的感觉,应该在加载速度、产品相关性、内容真实性、叙事完整性等方面下足功夫。最后,广告不应满足于点击率,应当落实转化率(conversion rate),即从关注到兴趣,再到购买与口碑传播的过程。

4. 建设良好的公共关系

由于跨境电商企业与消费者的地理距离通常较为遥远,因此营销管理者容易忽视公共关系的重要性。正如美国《福布斯》杂志所指出的,虽然互联网将不同地域的企业与消费者联系在一起,但公共关系的本质并未发生变化:公众仍然容易被出色的叙事打动;与公众交流仍然需要专业的文案技巧;虽然年轻消费者喜欢在网上处理事务,但不代表他们不重视人际交流,面对面的互动仍然有其独特效果;良好的公众形象才能吸引优质顾客。同时,公共关系的建设也能够帮助管理层和员工培养适合当地市场的交际与沟通能力。公共关系不仅能够在日常运营中帮助品牌树立形象,也能够在发生危机时获得更多的支持,无论是产品质量、文化冲突还是企业财务困境,良好的公共关系能够帮助企业更早走出困境。

5. 合理使用价格促销战略

跨境电商企业要合理使用价格促销战略。首先,对于不同的产品种类而言,价格促销的效果也会略有不同。例如,根据电商网站 BigCommerce.com 的分析,在跨境电商平台上购买家具的消费者会综合考虑住房面积、装修风格和使用年限,因此,即使商家使用各种促销手段,消费者的促销转化率也会较低。食品、美容护理等产品情况类似,消费者不太会因为促销而轻易更改购买习惯。但对办公用品、儿童衣物玩具等种类而言,促销的效果是最为明显的,因为损耗率高,品牌效应不明显,消费者对于价格的敏感性较高。

其次,除了产品本身的种类特性外,价格促销还应当综合考虑市场与竞争对手对消费者的共同作用。根据麦肯锡管理咨询公司的分析(见图 5-11),如果竞争对手普遍采用促销策略,而且消费者对价格也比较敏感(如电子产品),电商企业应当采用天天低价策略,频繁、积极使用降价促销,留住消费者,提升感知价值。如果消费者对价格变动较为敏感,但对促销活动不太敏感(如奢侈品),企业应当避免频繁降价,以保护品牌形象。如果消费者对价格不敏感,但竞争对手频繁降价(如食品),此时企业反而可以在合理范围内适当提价,一来增加利润空间,二来与对手形成差异化竞争,三来对品牌资产带来积极影响。如果消费者对价格并不敏感,但对促销活动敏感,而且竞争对手也经常促销,这时促销就一定要精准,找到最合适的消费者(如将商品放入购物车但迟迟未付款的用户)。

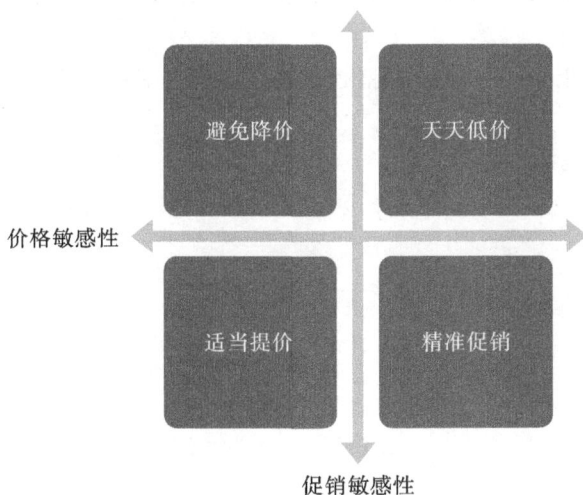

图 5-11　促销战略

结语

无论是传统意义上的营销组合,还是涵盖了人力资源、公共关系、政治因素、包装物流等因素的拓展营销组合,都是跨境电商企业营销管理与品牌建设的重要问题。其中最关键的,仍然是产品、价格、渠道、促销这四个核心的要素。

以本章开头的服装品牌 ZARA 为例,虽然品牌在电商领域高速成长的原因可能有很多,但总体而言,ZARA 的产品设计符合大众审美,每个季度都能够与时尚前沿保持一致,且与名牌相比物美价廉,消费者感知价值较高。从渠道角度而言,无论是其他电商平台,还是 ZARA 自己的独立站,都能够做到全球领先的物流速度。同时,ZARA 在广告宣传方面坚持不请大牌明星代言,而是使用较为低调实用的季末打折等促销方式,保证资金链的稳定。这几点决定了 ZARA 在与竞争对手相比时,保持了一定的特色与优势。

大多数跨境电商企业还达不到 ZARA 在市场中的地位,如何平衡营销组合各要素之间的关系,找到自身优势与缺点并逐渐升级品牌资产,是一个重要的机遇与挑战。本章探讨了跨境电商营销组合时应当注意的一些典型问题,并提出了可供选择的策略。

关键词

营销组合;产品;价格;渠道;促销;延伸产品;跨国战略;全球战略;本土战略;成本定价;市场竞争定价;感知价值;顾客价值定价;分销渠道;自发货;海外仓;可持续供应链;整合营销传播;转化率

思考题

1. 传统行业和跨境电商的营销组合是否完全一致?

2. 对于跨境电商而言,产品、价格、渠道、促销中的哪一个最为重要?哪一个最难管理?

3. 中国的跨境电商企业可以大幅借鉴国际品牌的营销组合策略吗?为什么?

第六章
跨境电商视觉设计

学习目标

1. 视觉设计对于跨境电商的作用；
2. 平面和视频视觉设计的异同；
3. 列举一个跨境电商视觉设计的优秀案例，并分析其优点。

导入案例

瑞奇与叮当：分离

数字经济与服务贸易是跨境电商的重要组成部分和新兴领域，也是中国品牌需要努力的赛道。2022年，由Insomniac游戏工作室和索尼共同出品的一部PS5游戏《瑞奇与叮当：分离》同时获得了年度游戏开发者优选奖和金摇杆奖中的"最佳视觉设计"奖项，这是游戏行业在视觉设计方面能够取得的最高荣誉。

这款游戏的整个制作过程与业界的通常做法不大相同。随着竞争的加剧和消费者手中游戏设备功能的升级，游戏公司也不得不进行相应的"军备竞赛"，将游戏做得越来越复杂，且对硬件要求很高，开发团队加班加点工作已经是一种常态。但是《瑞奇与叮当：分离》这部游戏从一开始，就不强求开发团队超负荷运作，而是寻求游戏的特点。

最终，开发团队决定舍弃常见的游戏特色，如复杂的解谜环节、漫长的游戏历程或者必须多次通关才能获取的白金奖杯等。团队转而研究在现有条件下如何让玩家觉得"真好玩"，换言之，就是让消费者获得更高的感知价值。于是，团队转而追求美的享受，让游戏在轻松愉快的过程中带来真正的视觉盛宴。玩家也不吝溢美之词，将游戏比作皮克斯的动画电影。

为了呈现美好的视觉效果，开发团队不仅充分利用了索尼PS5的各种硬件特征，让玩家自主选择帧数，避免掉帧，而且引入了视频设计和动画制作的思路。例如，为了体现游戏中的光影效果，游戏大量使用了high dynamic range(HDR)技术，即高动态范围或称高光动态渲染技术，这样游戏中亮部和暗部的细节得以保留，玩家可以处处体会到游戏背后艺术设计的匠心和细节。

游戏是数字经济的典型产业。近年来，游戏界的大制作越来越多，如《赛博朋克2077》《艾尔登法环》等，无不在视觉设计上绞尽脑汁。对于尝试品牌出海的中国数字经济企业，尤其是服务贸易与游戏开发企业而言，《瑞奇与叮当：分离》无疑是一个值得思考与借鉴的成功例子。

思考题：

1. 《瑞奇与叮当：分离》的视觉设计为什么得到了业界、玩家和评论家的一致好评？

2. 为什么中国的数字经济企业在视觉设计方面还有很多进步空间？

国际贸易在不断演化和进步。20世纪，国际贸易的主题是建设全球供应链和价值链，具有生产要素和政策导向优势的中国因此取得了巨大的经济成就。21世纪则是数字化和智能化的时代，传统的价值链被重组，给传统的全球生产和供应链带来了巨大的压力和挑战。

这些巨大的困难促进了全球经济的数字转型和跨境数字贸易的增长。按照世贸组织的定义，任何"通过电子途径生产、分配、市场营销、销售、交付商品和服务"均属于电子商务。随着仓储物流成本的攀升，国际政治局势的不断演化，节能减排和可持续发展的动力与压力提高，制造业向服务业转型的趋势迫在眉睫，跨境电商也应当同时重视商品和服务贸易。根据《2021年中国跨境电商市场数据报告》，跨境电商服务商融资数量较多，成为资本市场的新热点。

导入案例所提及的数字经济和游戏产业，前景非常可观。数据分析与投资咨询公司AppsFlyer发布的《2022游戏应用营销现状报告》显示，2021年全球游戏应用消费者支出增长16%，达到创纪录的1160亿美元，移动游戏产业进入黄金时代。《关于支持国家文化出口基地高质量发展若干措施的通知》中明确指出，鼓励优秀传统文化产品、文化创意产品和影视剧、游戏等数字文化产品"走出去"。据估计，到2024年，国内游戏出海的潜在市值将达到690亿美元，前景广阔。

虽然无法用一种测量工具准确计算，但很多学者估计，人类90%的信息是通过视觉获取的。对于视觉设计的重视，伴随着整个人类的文明史。从数万年前的岩洞壁画，到21世纪的艺术设计大奖，眼睛始终是人类认识世界、获取信息、进行互动、享受审美的最主要途径。无论对于传统的制造业，还是对于新兴的数字经济和数字贸易而言，视觉设计都是同等重要的产品属性。

在清华大学建校110周年校庆日即将来临之际，中共中央总书记、国家主席、中央军委主席习近平来到清华大学考察。习近平指出，美术、艺术、科学、技术相辅相成、相互促进、相得益彰。要发挥美术在服务经济社会发展中的重要作用，把更多美术元素、艺术元素应用到城乡规划建设中，增强城乡审美韵味、文化品位，把美术成果更好地服务于人民群众的高品质生活需求。要增强文化自信，以美为媒，加强国际文化交流。

随着消费水平的提高，审美价值已经是产品与品牌的关键要素。但是，跨境电商设计不能一味追求审美，而以牺牲实用性为代价。实用性与审美有机结合的产品、服务和用户界面是所有设计师的终极追求。跨境电商的产品与服务要得到不同文化背景的消费者认可，必须将科学技术与艺术设计相结合，体现本国的文化自信与审美水平。本章将对跨境电商平面设计的原则与内容加以探讨，并拓展至视频设计的一些核心问题。

第一节　跨境电商平面设计原则

如果仅从跨境电商网站或App的功能性与易用性价值而言，平面设计似乎没有特别的重要性：只要消费者能够找到合适的产品并成功支付，跨境电商在视觉方面的任务似乎就完成了。但外观与审美价值之间的关系绝非无本之木、无源之水。"Un bel avion est un avion qui vole bien"（外观漂亮的飞机性能也会良好），这是因为符合数学与物理规律的设计，不仅实用，而且必然美观。

如果我们推广这条定律，不难发现广受欢迎的跨境电商平台和网站，其美工、页面导航、色彩搭配等都颇具匠心，消费者用起来不仅省时省力，而且浏览本身也是一种视觉享受。反之，销量不佳、毫无名气的电商店铺或独立站，通常其页面看起来过于简单，功能单一，而且使用起来也会非常别扭，令消费者拂袖而去。

跨境电商网站的视觉设计绝非表面功夫。好的视觉设计能够增加消费者对网站背后的品牌的信任。网站设计往往也会成为品牌形象的一部分，增进消费者的好感。视觉设计能够突出原创性，让消费者爱屋及乌，对将要选购的产品也会产生积极联想。优秀的店铺主页或活动主题页面能够极大程度提升消费者的第一印象。本书将从设计思路和设计内容两个角度探讨跨境电商平面设计的一些主要问题。

虽然跨境电商的视觉元素通过互联网和移动设备以平面形式呈现，但其设计的基本思路无外乎对色彩、线条与形状和构图的使用。线条与形状决定了页面的基本样式；色彩传递情绪，并对页面的整体效果进行进一步补充；构图不仅可以优化视觉效果，还可以通过不同的构图方式巧妙地表达特定的想法与功能。本节将以亚马逊英文和中文网站截图为开端（见图 6-1），并以更多的例子说明跨境电商平面设计思路的应用。

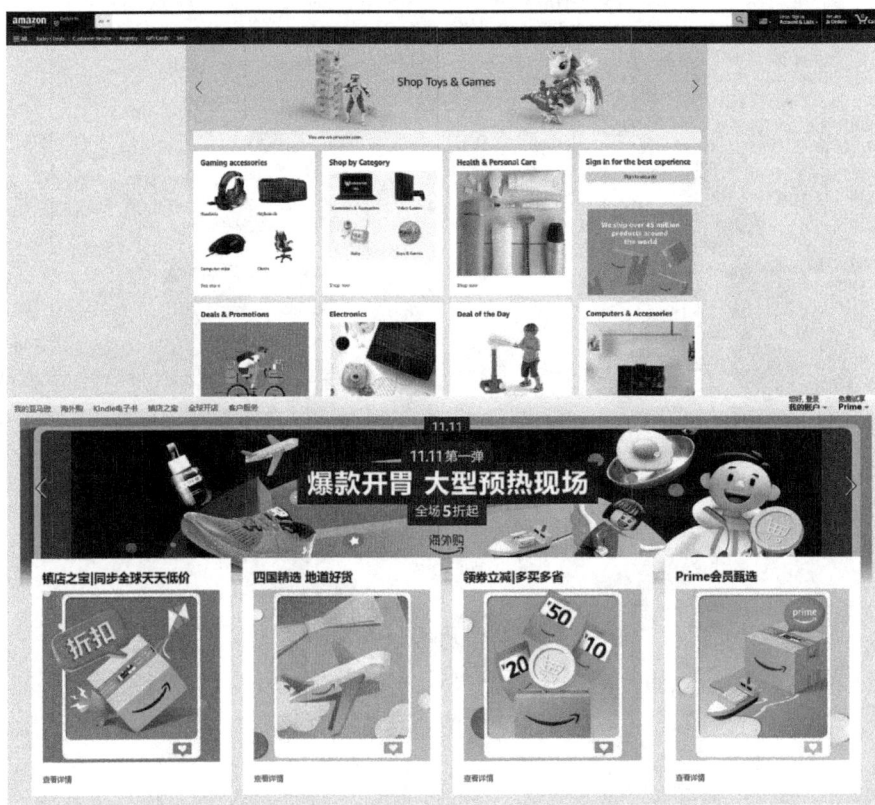

图 6-1　亚马逊英文、中文网站截图

一、色彩

色彩是人类认识世界的主要手段之一。根据美国视力测定协会的理论,婴儿从五个月起就基本上拥有了色彩的辨识能力,而大脑和身体的很多其他功能要在之后才慢慢发育成熟。从进化的角度而言,色彩识别被给予了非常高的优先级。

1. 色相

色彩主要由三个因素决定:色相、彩度、明度。对于跨境电商平面设计而言,色相的选择是决定页面色彩表现的首要因素,也是各种不同色彩的最为基本的分类标准。通过发光物体光谱中各光波的比值,就能够产生红橙黄绿等基本色彩。比值进一步细化,还可以从一种颜色如红色中分化出大红、深红、土红等颜色。虽然大多数人可以较为容易地辨别上百种颜色,理论上来说,人眼可以辨识的颜色可能超过一百万,但实际辨识效果可能因个体而异。

对于网页或 App 的平面设计而言,几乎不会只用一种颜色,因此色彩搭配是任何成功平面设计方案的前提。图 6-2 所示的色相环是设计人员常用的一种色彩搭配工具。以蓝色为基色,则随着色相的变化,其他颜色可称为类似色、临近色、中差色、对比色和互补色等。类似色和临近色的搭配,如蓝色和紫色搭配在一起(见图 6-3),色彩

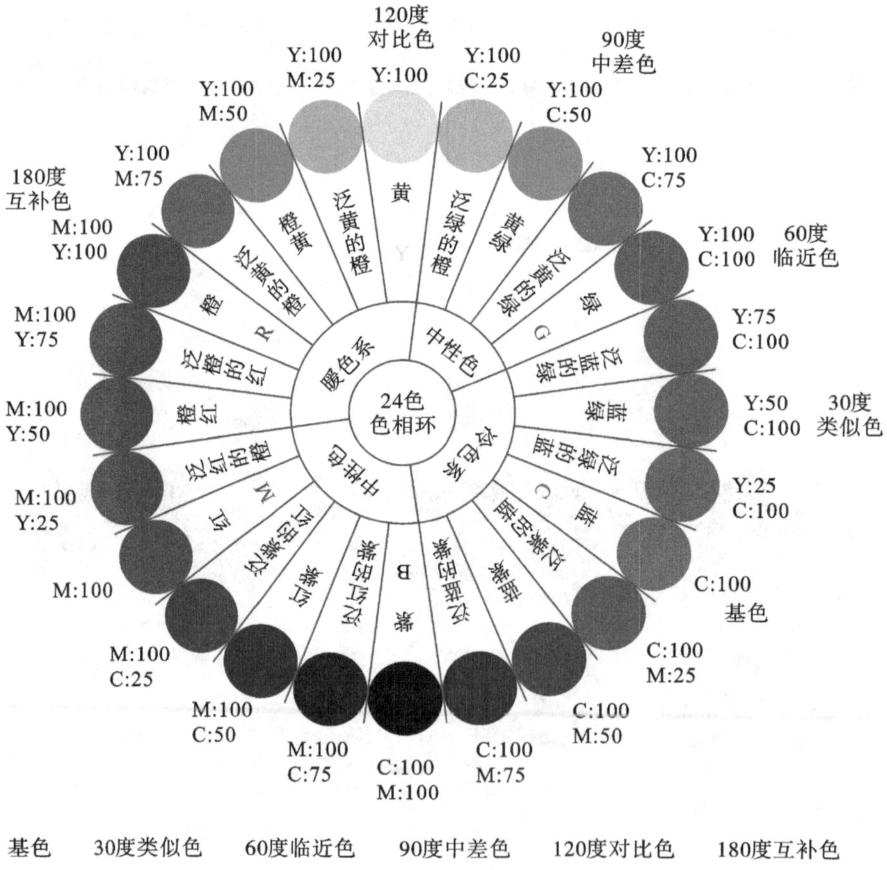

基色　30度类似色　60度临近色　90度中差色　120度对比色　180度互补色

图 6-2　24色色相环

之间容易协调和产生共鸣,用户浏览时不会产生突兀感和疲劳感,也容易塑造容易记住的品牌形象。

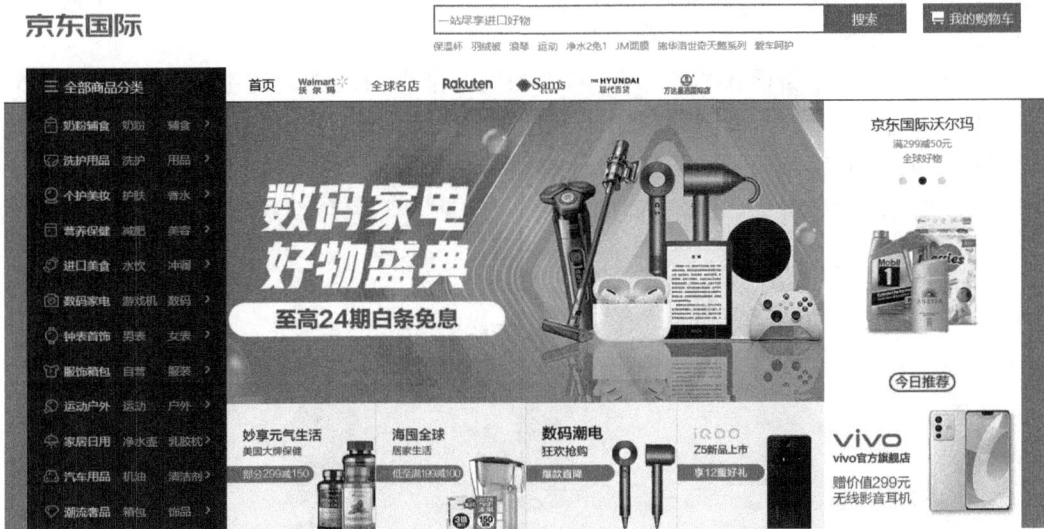

图6-3 京东国际网站截图

但是,类似色搭配的缺点是过于低调,无法通过色彩的差异来引起消费者的注意。因此,平面设计也可以大胆使用中差色,如蓝色和黄绿色的搭配。中差色具有很大的色彩张力,配色活泼,不拘一格,能够带来清新秀丽的风格,因此在跨境电商平面设计中使用较为广泛。如前面的亚马逊英文网站截图,就典型地使用了蓝色和黄绿色来与所推介的玩具、电子产品等衬托,让消费者形成这类产品有趣、减压的心理印象;而中文网站则选择了红、蓝、黄、绿四色,刚好互为中差色。

具有强烈对比或互补效果的色彩搭配能够产生强烈的视觉效果。网页设计合理使用对比色或互补色,可以很好地引起消费者的注意,并突出网页的重点。例如,在蓝、紫的色调中搭配跳跃、活泼的黄色,能够特别凸显页面或产品的信息。但是,由于对比色或互补色的搭配通常会带来强烈的对比,消费者容易产生视觉疲劳,因此适合于主页或广告页,日常浏览仍应以类似色为主。

2. 彩度

彩度指的是色彩的纯度或鲜艳程度,换言之,是以某种色彩内含的纯色所占的比例多少,来决定彩度的高低。例如,当红色中的纯色较高,彩度就会较高;而红色中掺杂白色后,彩度降低,但明度会提升。画面中彩度较高时,能够产生较为强烈而有感染力的视觉效果,包括快乐、热情、积极向上,但也可能产生过于浓烈的负面效果。较为典型的跨境电商网页包括化妆品、时装等,当彩度适中时,能够产生平静、雅致的视觉效果。较为合适的跨境电商网页包括家居用品、睡衣等,当彩度较低时,能够带来质朴、自然、禅意等视觉效果,但也可能令消费者感到单调乏味。因此,高彩度和低彩度画面应当适当使用点缀色加以平衡。例如,韩国跨境电商平台 Coupang 在推介自己的化妆品时,采用了彩度较低的黄色,营造活泼清新的情绪的同时,希望消费者感受到产品中贴近自然、健康平衡的产品形象,但如此一来,整个画面显得较为单调,因此特别加入了高彩度的黄色花朵,令画面变得更加具有活力。

另外,在一些平面设计的理论中,彩度和饱和度作为同义词使用,而有的理论则对二者加以区分。事实上,二者均指色彩的纯度。在平面设计的实践中,有时可以刻意追求低彩度或饱和度,从而形成强烈的反差效果,并突出主题。无论是电影《辛德勒的名单》中的红衣小女孩镜头,或者下面的网站截图(见图 6-4),都是利用了饱和度的反差效果。

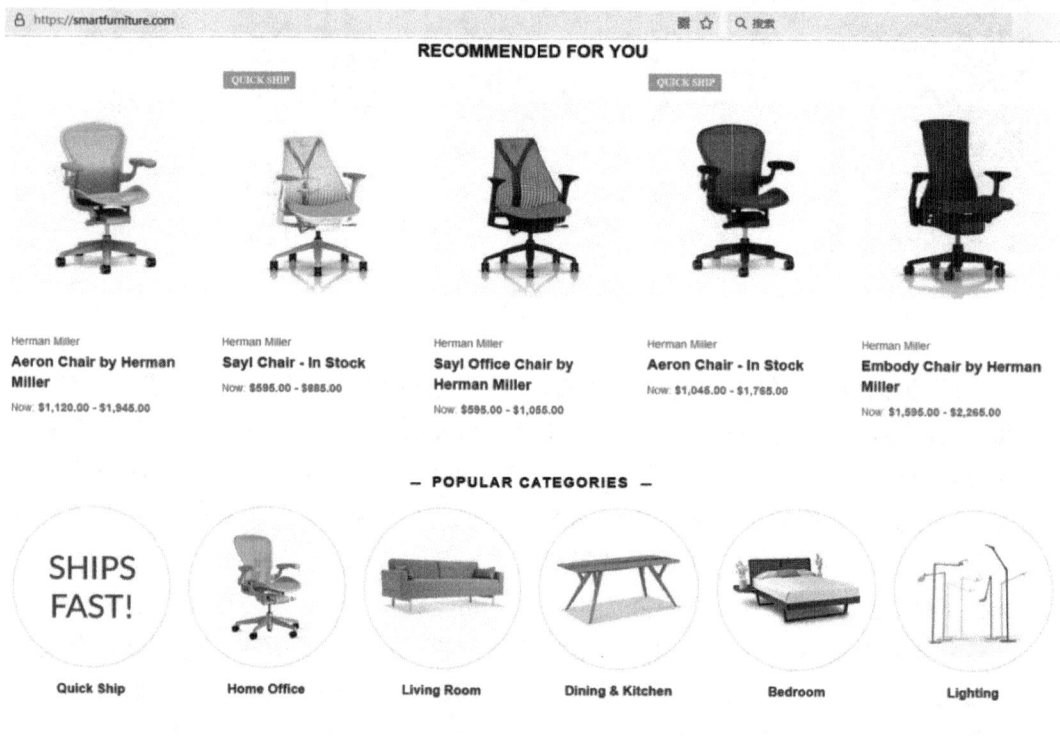

图 6-4　Smart Furniture 网站截图

3. 明度

明度指的是色彩的明亮程度。换言之,发光或反光的物体表面对色彩的发射或反射率越高,明度也就越高。除黑色和白色外,不同色相的色彩,其明度也会不同。一般来说,黄色、橙色明度较高,而蓝色、紫色的明度较低,红色、绿色则居中。明度高的色彩搭配能够带来透彻明朗的视觉效果,而明度低的色彩则显得稳重低调。以下面的两幅截图为例(见图 6-5),东南亚跨境电商平台 Lazada 新加坡的页面使用了黄色、粉红色等明度较高的色彩,而泰国的页面则以淡蓝色为主,考虑到两国的经济发展水平与文化差异,这种色彩设计应当是各取所需的结果。

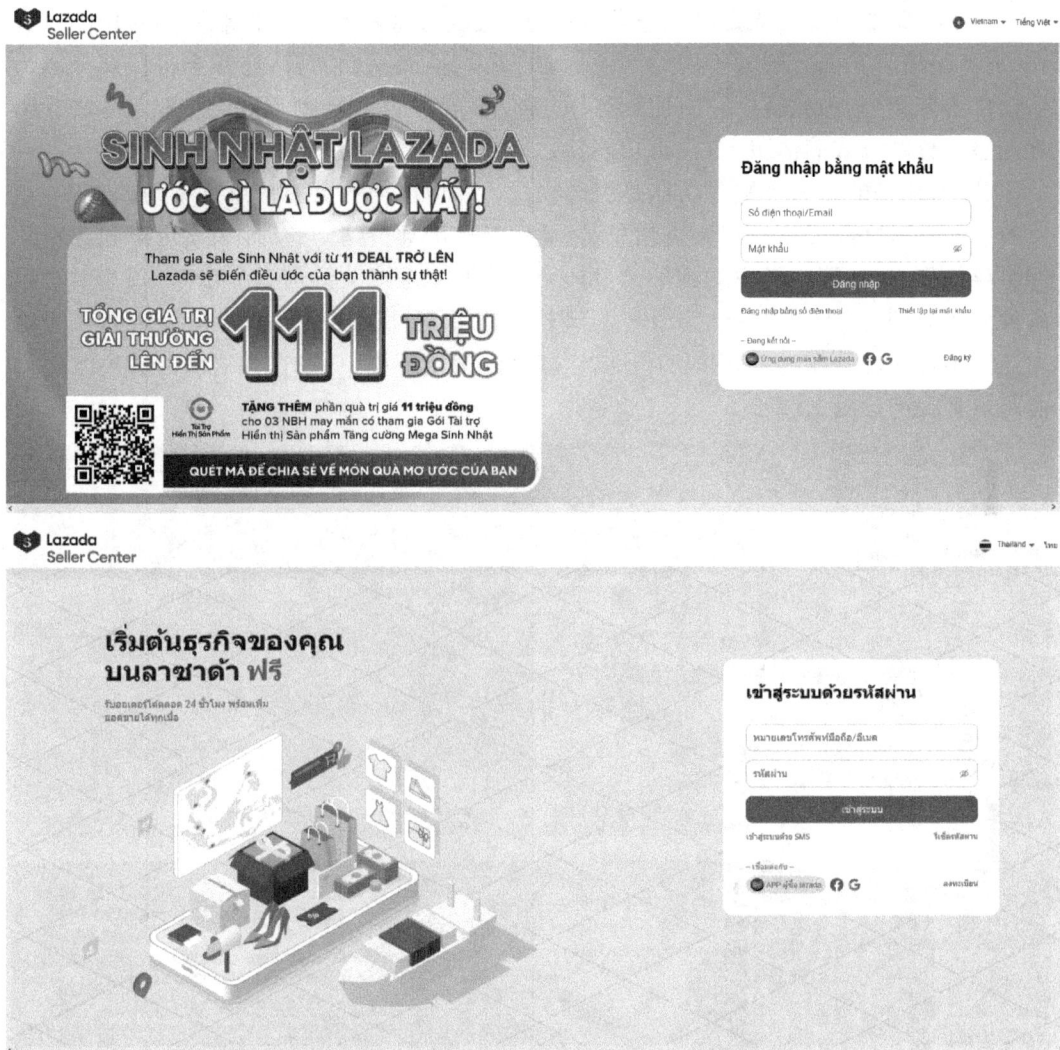

图 6-5 东南亚跨境电商网站 Lazada 新加坡、泰国页面截图

二、线条与形状

当消费者打开页面,对色彩产生的情绪效果做出基本反应后,会将注意力转至构成页面的要素——线条与形状。页面的基本单位是点,而线条将任意两点或多点联系起来,可以是直线、曲线,可能横平竖直,也可能带有角度,还可能是波浪形、锯齿形、不规则形。线条还可以根据页面的要求调整粗细。对于平面设计而言,形状、纹理、空间等也需要进一步考虑,但线条与形状是其他要素的基础。

1. 线条

由于线条的主要功能是将点连接在一起，故线条将具有几个非常重要的功能。首先，线条能够将平面分割为不同的区域。对于跨境电商平台而言，通常会将顶部分割为横幅广告区，左侧为导航栏，中间区域为主推品牌，右边为特别促销，底部为网站介绍等。这种分割方式简洁明了，突出功能性。

其次，线条的另一个重要功能是引导视线。跨境电商的页面信息通常纷繁芜杂，消费者可能一时之间无法找到所需信息，因此而产生厌烦情绪。这时，线条可以起到指示和引导的作用，让消费者注意到平面设计中的中心主题或关键信息。以图6-6中对线条的使用为例，两幅广告虽然场景不同，但同时使用了横向的线条，将消费者的目光引导至图中最关键的咖啡杯，并暗示在错综复杂的工作环境中，最直截了当的解决方法可能是一杯提神醒脑的咖啡。

图6-6　雀巢咖啡广告中线条的使用

最后，与色彩相似，线条也能够表达相应的价值与情绪。竖线代表力量，横线代表平静，斜线则代表动感与变革。另外，规则的线条表达规整、可控、精准的情况，而不规则的曲线、波浪线等则代表不拘小节、清新自然、意外、喧闹的情况。线条与色彩相配合，能够极大地调动消费者的注意力与情绪。前文所引用的亚马逊网站截图，基本上以横线和竖线作为平面的界限,让消费者在平静的心情中感受到品牌的可靠性。

2. 形状

形状是任何具有明显边界的区域。形状可以由线条决定,也可以用色彩显示。形状基本上分为两种:规则的几何图形,典型的包括矩形、圆形、三角形等;不规则的有机图形,包括树叶、云朵、涡流、动物、水渍等图案。形状是视觉信息的重要传播形式。形状不仅能够为图像确定其分量与价值,还能够使图像更加突出,或与整体页面更加协调。

与线条相似,形状也能够传达信息、表现情绪。规则图形通常代表稳定、可靠,且特定的几何图案还能够传达具体的信息。有机图形则与大自然或人的心理变化相联系,通常更加飞扬活泼,给消费者带来更大的解读空间。

以下面的几幅产品平面设计为例,见图6-7。图6-7(a)为苹果公司的视频点播服务广告。首先,五个苹果公司的Logo色彩鲜艳,而且使用了花朵、波浪、气泡等不规则的有机图形,暗示视频点播内容丰富,目不暇接,精彩纷呈。其次,五张卡片又围成正五边形,由于正五边形所有对角线形成的三角形都是黄金分割三角形,因此,无论是五角星还是五边形,在美学中都代表着完美。图6-7(b)为房产与汽车的二合一保险业务。首先,设计主体是矩形,寓意稳定可靠,这是保险业务所代表的价值。其次,背景画面利用一道斜线将面积等分为二,不仅暗示房子与汽车的安全都重要,而且斜线还暗示着这种业务是业界的变革性创新。图6-7(c)为收费终端机的广告,连续使用了多个正方形。正方形能够给人带来公正、不多不少、省时省力的意象,因此非常适合功能简捷但使用强度很高的产品平面设计。

（a）

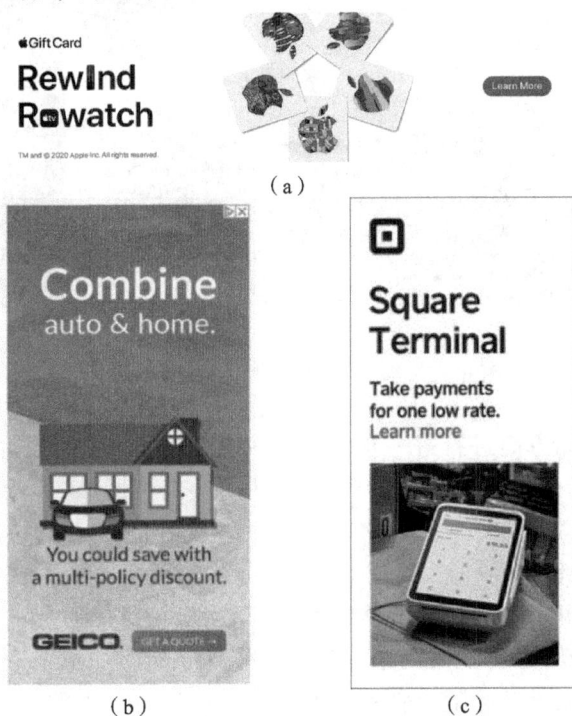

（b）

（c）

图6-7 平面设计形状使用举例

三、构图

对于平面设计而言,色彩、线条、形状、纹理、空间等都只是零件,要将这些零件装配成整体,就需要合理而精彩的构图。按照《辞海》的解释,构图是造型艺术的术语:艺术家为了表现作品的主题思想和美感效果,在一定的空间,安排和处理人、物的关系和位置,把个别或局部的形象组成艺术的整体。在中国传统绘画中,构图称为"章法"或"布局"。

由于跨境电商的平面设计多以矩形为表现形式,故构图就是在方框内将视觉元素的陈列和表现安排得恰到好处,为消费者带来身心的愉悦。虽然每个人都有对构图的理解,但如果不能够让消费者认可,则其他的一切努力,包括光线的运用、背景的选择、滤镜的使用、风格的调整,都将没有意义。

跨境电商平面设计人员在构图时,可以遵循黄金比例、白银比例和三等分法则(见图 6-8)。黄金比例即人们熟悉的1:1.618,如果构图中存在多个要素,还可以不断延伸该比例,称为斐波那契数列[(见图 6-8(a)]。黄金比例来自古希腊,东方艺术中常用的比例为白银比例,即1:1.414[见图 6-8(b)](与斐波那契数列相对应,称为佩尔数列)。无论是 A4 纸的长宽比,还是哆啦 A 梦或 Hello Kitty 的卡通形象设计,都遵循着白银比例。另外,如果构图的任务紧迫繁重,如大量制作产品介绍的网页时,可以将画面均匀分割为九等分,并将图片中最重要的元素放在四个分割点中的一个上,这样构图将基本符合黄金分割[(见图 6-8(c)]。

| （a） | （b） | （c） |

图 6-8　黄金比例-白银比例-三等分法则

如果需要在构图方面进行进一步的精修和巧思创意,平面设计还需要利用构图的其他手段——框架、焦点、景深、视角。同时,为了突出主题,表达特定的视觉效果,可以采用图片中的元素,如窗户或拱门,将消费者的视线导向框架内的景物或人,从而达到突出主体的效果(见图 6-9)。

跨境电商为了展示产品,可能需要大量使用相机拍摄的照片。为了宣传企业、品牌或进行某种促销活动,还可能要用电脑软件制作合成的图片。无论是照片还是合成图,都需要在构图的焦点上动脑筋。任何一张图片都应当有突出的主题。一件女式上衣的衣领设计可能独具匠心,一瓶好酒的年份可能特别具有价值,一件电子产品的按键做工

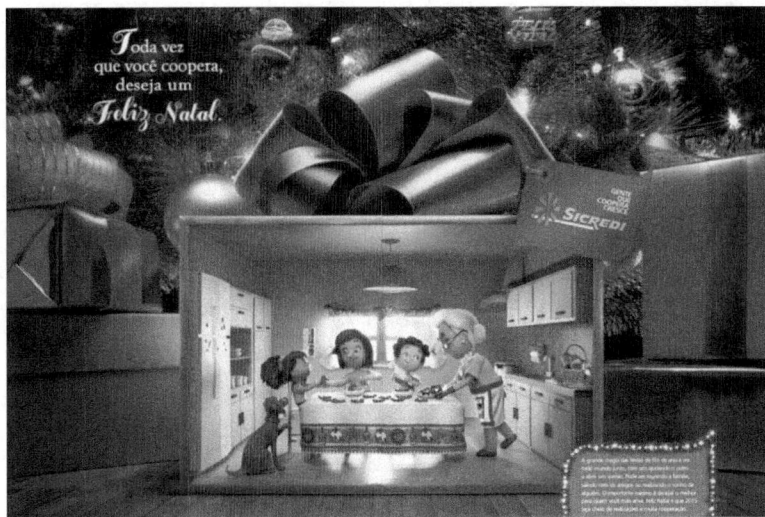

图 6-9　巴西 Sicredi 公司平面广告

可能特别精致……为了突出这些主题,图片的焦点应当对准产品最为动人的地方。

　　景深是指相机焦点前后相对清晰的成像范围。例如,在传统的人像摄影技巧中,较为常见的做法是利用光圈或距离,将背景大幅虚化,因此人像在照片中得到强调,且能够保留更多的人像细节。而在新闻报道或风景拍摄中,为了让读者或观众能够对全局进行把握,可能需要较深的景深。对于跨境电商平面设计的观众或读者而言,倒不一定要一味追求景深的深或浅。景深的选择一定与产品本身和品牌想要表达的价值相契合。以图 6-10 望远镜平面广告为例,通常拍摄人物时,会通过浅景深将背景虚化,以凸显人物。但本张设计图采用了风景拍摄常见的深景深,无论人物还是背景都纤毫毕现,这与望远镜的品牌形象与产品价值是高度契合的。

图 6-10　日本奥林巴斯望远镜平面广告

通常,视角指的是视线与观察对象(如图片、银幕、显示器等)两端所形成的夹角。对于平面设计而言,还可以指平视、仰视、俯视等图片的拍摄角度。平视拍摄角度符合人的视觉习惯,不刻意突出主题,适合拍摄服装、家居等较为日常的产品类别。俯视角度通常处于较高的位置拍摄或制作,适合拍摄风光题材。对于跨境电商而言,可以在展示较为丰富的产品线时考虑使用俯视,令消费者产生"一览众山小"的满足感,并对品牌的成就与实力产生总体性的认知。反之,仰视角度通常在较低的位置拍摄或制作,如在拍摄建筑或模特时,为了凸显主题的高大,常采用仰视角度。对于跨境电商而言,如果产品的品牌较为知名,而平视产品又不能产生高端大气的视觉效果,就可以采用仰视拍摄制作(见图 6-11)。

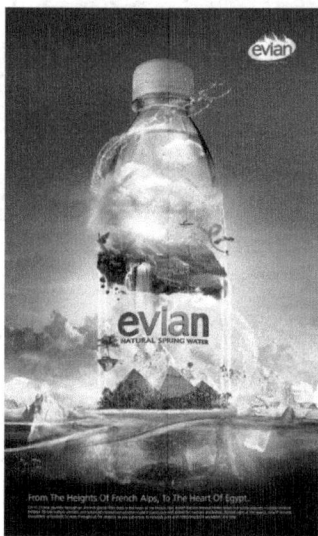

图 6-11 法国依云矿泉水平面广告

除了以上常见的构图技巧,跨境电商平面设计还要考虑到不同国家、不同族群和不同文化背景的审美差异,灵活使用其他的构图原则。例如,当设计人员不了解目标市场的审美习惯,但又希望超越黄金分割、框架构图等司空见惯的构图方式时,对称是构图原则的首选。对称具有美观、和谐、稳定、庄重等审美价值,是放诸四海皆准的设计方案(见图 6-12)。

如果产品不希望以稳定、和谐作为品牌形象,而是想在平衡的基础上寻求一定的灵动,则可以采用三角形构图,即利用图片中的主题形成三角形。按照前文的解释,作为最稳定的几何图形,三角形可以同时带来安定和灵动感(见图 6-13)。如果为了营造一定的紧张或悬念感,图片元素也可以形成倒置三角形。

另外,不同文化背景的受众群体可能不一定欢迎较为呆板的几何图形平面设计。对传统的东方审美而言,更加强调人与环境的和谐和追求自然、不加修饰的艺术风格。因此,在平面设计构图中,可以尝试更多地使用曲线,使画面更加柔美而自然。以图 6-14 中的花西子海报为例,可同时发现对称、三角形、曲线等构图原则的应用。

图 6-12　瑞典 Absolut 伏特加平面广告

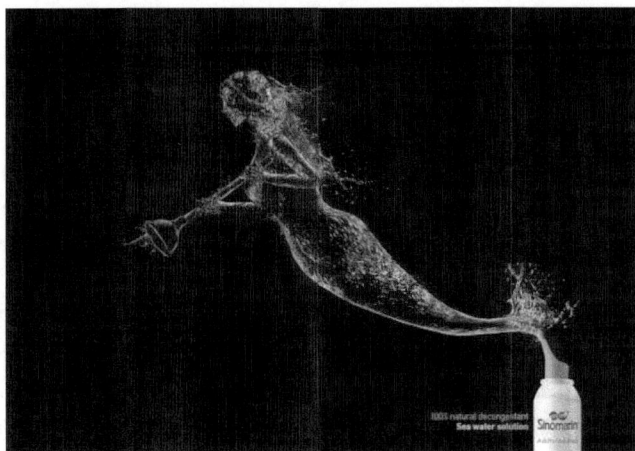

图 6-13　法国希诺宁鼻腔喷雾平面广告

图 6-14　彩妆品牌花西子海报设计

　　总而言之,虽然跨境电商的平面设计仍然遵循普遍的设计思路与原则,但成功设计的关键是如何与产业、产品和品牌有机结合,灵活使用各种工具与方法,为消费者呈现实用性与美观性并存的设计方案。

第二节　跨境电商平面设计内容

　　上一节主要探讨了跨境电商平面设计的一些原则。对于跨境电商的商铺与网站而言,平面设计除了遵循一般的设计规律,对所展示的元素进行美化、优化以外,还需要设计与自身业务有关的具体内容。跨境电商经常需要设计的内容包括标志、界面、图像和字体等。

一、标志设计

　　标志设计是品牌识别、品牌形象和消费者记忆的核心。Logo 作为外来词已被业界接受。Logo 的全称是 logotype,来自希腊语 lógos,即字词、发言之意。在西方哲学中,lógos 有思想、论证、规律、事物真理等含义。

　　对于平面设计而言,品牌标志指用图形、形象或文字等符号作为代表,传达特定的信息、感情与象征意义。通常而言,标志设计有简单—复杂—简约的发展规律。在品牌初创时期,标志主要是方便进行法律注册,便于上下游企业辨识,常用文字、英文和简单的几何图形表示。随着品牌的成长,企业想要表达的价值观增多,常常会利用最新的设计理念和技术设计出较为优美复杂的标志。最终,随着各阶层消费者,甚至各文化背景的消费者对品牌认知逐渐加深,利用简约的图案、文字或线条进行勾勒的标志是最能够被消费者所熟悉和记住的。以图 6-15 所示的亚马逊标志变迁为例,早期较为简单,是一条抽象的曲线,象征澎湃宽广的亚马孙河。后续经过增添细节和象征意义,逐渐演变为字母＋曲线的简约设计。字母采用小写增加亲和力,而黄色具有活泼、动感的情感效应,箭头不仅象征从 a 到 z,亚马逊应有尽有的庞大体量,而且曲线还代表微笑,寓意良

图 6-15　亚马逊品牌标志设计变迁

好的服务质量与顾客关系。

除了从简单到复杂再到简约的探索之路,跨境电商的标志设计还应当根据品牌自身的特点,灵活运用法则。首先,无论色彩、线条还是构图,标志应当给消费者带来美的享受。其次,标志设计不应过于求新求异,而是应当在稳定、和谐中凸显一些动感与特色,令消费者感到熟悉、可靠的同时又带来新鲜刺激。最后,标志设计应当与行业、企业紧密结合,增进消费者对品牌的认可,增加品牌与产品或行业的联想强度。以图 6 - 16为例,三个跨境电商平台的标志设计各有千秋。从配色而言,多用纯色、近似色,消费者不容易产生抵触心理。同时,基本以文字+少量线条或形状进行勾勒,且文字的曲线较为柔和,容易引起好感。天猫国际标志的配色为紫色,紫色作为可见光中波长最短的色彩,在自然界中较为少见,不仅象征着高贵、优雅,还带有浪漫、神秘的色彩,非常符合天猫国际的进口电商平台定位。加拿大电商平台则采用了绿色的购物袋作为品牌标志的装饰形状,购物袋与行业高度相符,绿色象征平和、顺利,且字母 S 除了是企业名称首字母外,还能联想到英文中很多积极词汇,如 success、super、smart、smooth 等,均与购物体验有关。速卖通以红黄邻近色作为色调,暖色不仅能够拉近消费者和商家的距离,而且象征着中国国旗的颜色;标志的口号形成一条向上的斜线,增加动感,象征与速卖通一路前行,取得成功。

图 6 - 16　跨境电商平台品牌标志举例

二、界面设计

界面设计又称 UI[①] 设计,是系统与用户之间进行信息与指令交互的媒介与桥梁。系统后台的运行原理与方式较为复杂,但消费者的诉求则比较一致,因此 UI 设计应当至少实现两个目标。UI 设计的第一个目标是简洁明了。14 世纪英国哲学家奥卡姆的威廉曾提出著名的"奥卡姆剃刀"原理:如无必要,勿增实体(entities should not be multiplied beyond necessity),这与东方哲学的"大道至简"相契合。在跨境电商网站或 App 的 UI 设计中,应尽量避免充斥各种非必要、不能解决用户问题的功能与模块。如果通过简单地点击就能完成交互,消费者宝贵的注意力、判断力、记忆力等认知资源将避免无谓消耗,因此满意程度必然提高。反之,如果需要大量烦琐的操作,不仅容易出错,且费时费力。

UI 设计的第二个目标是平台一致性。平台一致性有双重含义,首先,网站风格应

---

① UI 为用户界面(user interface)的简称。

第六章　跨境电商视觉设计

当保持一致。例如,图片等视觉元素的放置位置、页面的设计风格、字体字号的选择等应当保持稳定,引导页和产品页等互相呼应。这样不仅美观,而且消费者不需要适应不同的标准而产生疲劳与厌倦。总体而言,平台一致性的设计应当始终突出品牌形象,导航清晰,尽量减少用户的负担。以图 6 - 17 为例,多数传统的美食 App 要求消费者具备食材、调料等,然后做出标准口味的菜式。但该 App 只需要用户输入手头上有的食材,就能够给出食谱的推荐和做法。无论消费者有怎样的食材组合,都可以尝试使用该界面琢磨菜式,是人性化的设计。

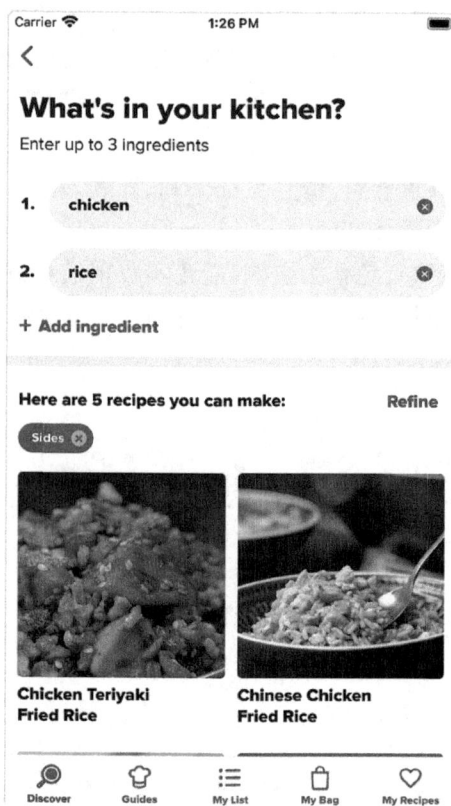

图 6 - 17　Tasty 的 UI 设计截图

其次,跨境电商消费者会经常在手机、计算机、平板电脑等不同的终端进行操作,因此 UI 设计必须保证这些跨平台的操作能够无缝衔接,否则消费者可能会因为找不到重要的功能而投诉,甚至放弃使用该品牌。例如,典型的跨境电商平台 UI 设计具有如下特征(见图 6 - 18):上方的搜索栏,左方的导航栏,中间的促销活动或大幅平面广告,以及右方的特定功能(如登录模块)。可以想象,在切换至移动设备时,消费者一定也会期待相同风格和功能且适应手机屏幕的 UI 设计。

当然,对于界面的一致性,不同的设计者会有不同的理解,甚至有观点反对为了一致而一致的做法。以多数人熟悉的计算机键盘 26 键的 QWERTY 排布方式为例。事实上,QWERTY 的排布方式来自打字机的设计,本意是为了防止打字员速度过快造成

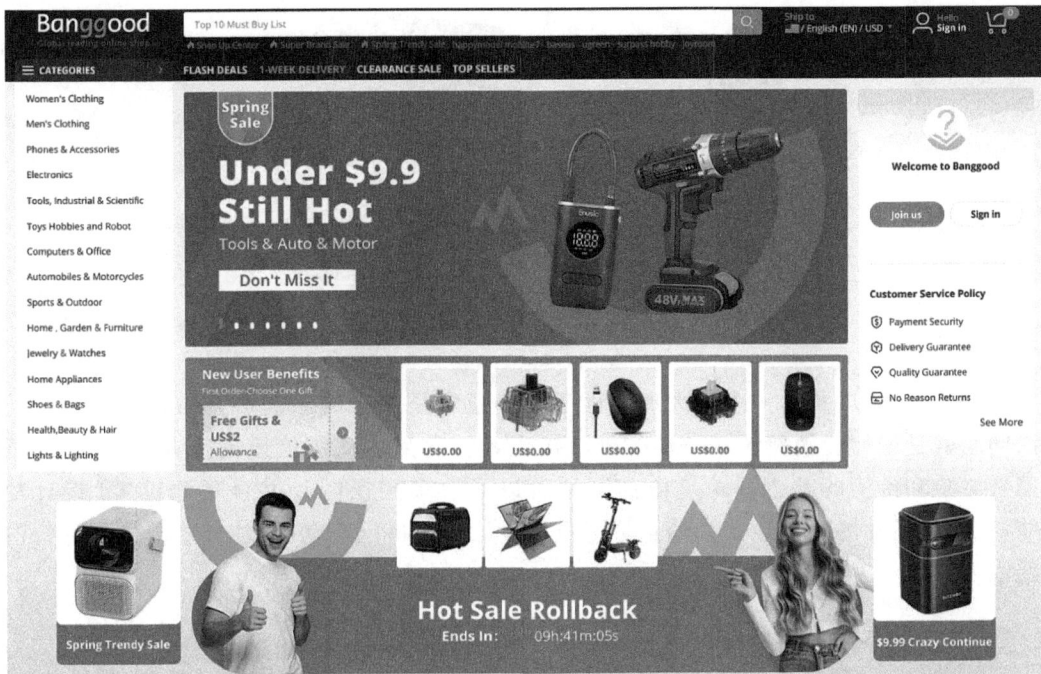

图 6-18 棒谷跨境电商网站截图

打字机卡住,而刻意将一些常用字母排在不方便的位置。后续的键盘设计均沿用了这一布局,甚至手机上的虚拟键盘亦然。事实上,这是为了界面一致性而产生的巨大效率浪费。因此,如果网站或 App 的早期 UI 设计有不足之处,应当及时止损,勇于改变。

三、图像设计

除了要考虑色彩、构图等形式性的设计思路外,图像内容的设计也是跨境电商需要日常处理的一大问题。在进行产品展示时,光圈、快门与 ISO(感光度)的优化配合是基本要求,此处不再赘述。

对于跨境电商的产品展示而言,干净的白色背景能够突出产品,而且白色通常不会引起不同文化背景消费者的误读。白色背景可以用打光的形式呈现,也可以后期用软件调整,它们需要不同的时间与人力成本,因此各有利弊。另外,如果产品本身的颜色、款式变化多端,一味的白色背景可能也会让消费者觉得单调。因此,可以为不同颜色的产品配上合适的有色背景,以衬托产品的质感与设计。

同时,在进行产品展示时,跨境电商网站要灵活掌握展示的角度与特写内容。跨境电商大部分时间会选择对产品进行全景展示,但这也并非铁律。有时,与其每次在展示图上都给出产品的全局,不如在登录页对产品的独特卖点进行特写(见图 6-19)。这样的展示内容不仅能够让消费者在购物信息的海洋中一下子找到品牌的独特之处,而且可以充分展现产品的质感,令消费者感到好奇,让其想点开网页进行详细检索和了解。如果花费了时间、精力去掌握信息和比较品牌,消费者的购买意愿将会大幅增加。

第六章 跨境电商视觉设计

图 6-19　亚马逊电子产品介绍截图

另外，图片展示的一个重大局限性是图片通常是静态的。消费行为理论的一个前沿问题就是如何让消费者从被动的价值接受者转变为主动的价值创造者，与品牌进行消费体验和价值的共创。跨境电商网站可以通过多拍摄图片并合理开设 UI 设计功能，以增加图片的互动性。如消费者可自行设计颜色搭配等功能，让其感受到创造价值的满足感。

四、字体设计

图像的设计与编辑通常需要一定的美术基础与专业能力，而基本的文字编辑则是大多数人能够掌握的技能，因此跨境电商网站在字体设计方面有时会相对较少。如果文字内容正确，从功能性而言，似乎没有太大的设计必要。但正如文学家塞缪尔·贝克特指出的，有时候"内容即形式，形式即内容"。字体设计会为平面设计带来巨大的影响，字体设计可以与产品、品牌相得益彰。如果产品与字体的配合有误，则必然会影响消费者的感知。

事实上，不同文化对于字体的重视古已有之。无论是中国，还是欧洲、阿拉伯国家，都有非常悠久的书法艺术传统（见图 6-20）。因此，当面对不同国家的消费者时，若能够结合目标市场的字体审美标准进行设计，将取得良好的效果。

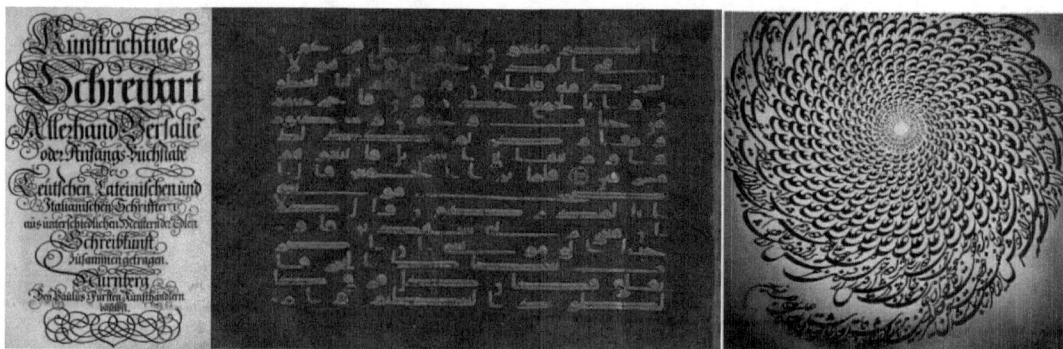

图 6-20　欧洲、阿拉伯、波斯书法文化举例

字体设计应当考虑以下几个问题。首先，字体可分为有衬线字体和无衬线字体。在笔画开始和结束有装饰，笔画的下笔力度和粗细不同的为有衬线字体（serif）；笔画粗

细较为稳定,无装饰的为无衬线字体(sans serif)。以图 6-21 为例,英文字体中常见的 Times New Roman 属于典型的有衬线字体,而 Arial 则属于无衬线字体。图 6-21 中圈出的细节可看到衬线的有无和笔画粗细的变化。

有衬线　　　　　　　　　　　　　　无衬线

Brand　　　　　　　Brand

图 6-21　字体衬线比较

其次,对于字体的平面设计而言,可分为印刷体和手写体。印刷体的特点是横平竖直,整齐统一,简单清晰,和内容的匹配较为简便。手写体则形态优美,更带有设计感,能够与合适的内容相得益彰。以图 6-22 为例,印刷体 Calibri 和手写体 Brush script 所表达的效果明显不同。

印刷体　　　　　　　　　　　　　　手写体

Ecommerce　　　　　　Ecommerce

图 6-22　印刷体与手写体比较

当然,字体设计并不一定总是按照某一个标准进行。总体而言,字体设计应当清楚传达设计者的信息,构图合理,是功能性与美学价值的结合,而且应当有创新性。

最后,在进行字体设计时,要注意字体的版权问题。设计人员应当使用没有版权纠纷的字体,并时刻注意自己使用字体的版权变化,以免后续产生纠纷。

第三节　视频设计

6G 网络即将到来。在 6G 技术标准中,传输速度可达到 1TB/s。换言之,下载一部高清电影转瞬即可完成。对于未来的跨境电商而言,平面设计会成为辅助,视频不仅信息量巨大,使用便捷,而且可以应用于增强现实、虚拟现实、智能交互,前景无限。

但同时也可以发现,随着各种视频制作硬件、软件和平台的成熟,高质量的视频似乎减少了,过目难忘的视频广告越来越罕见,企业只能依靠社交网络,但互联网观众更加喜欢快餐文化,长此以往,视频制作的标准可能会进一步降低。

美国电影制作人、导演斯派克·李曾说,“在我看来,不完美的人和事反而更加令人回味悠长”。可能正是因为用统一的标准生产出来的视频缺乏创意,一味迎合大众消费文化,导致同质化严重,同时还不惜利用各种手段弄虚作假。

著名品牌会不断制作视频,在消费者的长期记忆中不断加强其品牌形象。新晋品牌要想在非常有限的消费者认知和记忆的带宽中寻求一席之地,视频设计是捷径,但同时也是一条充满未知与挑战的道路。那么对于跨境电商而言,视频设计应当遵循哪些原则,才能避免犯错,取得事半功倍的效果呢?

"真善美"是中外普遍接受的事物评价准则。对于跨境电商的视频设计而言,真善美有其具体含义与原则。首先,对于市场和消费者而言,在视频广告或介绍中传达产品和品牌的独特价值,是最需要求真的方面。换言之,品牌要能够真正满足消费者的需求。其次,用合理、准确的方式去传达,是最需要求善的方面。换言之,视频能否合理利用各种元素讲好品牌故事,是消费者理解、记住和接受品牌的关键。最后,视频能否给消费者带来美的享受,在短短的几分钟甚至几十秒钟,让消费者感同身受,开怀大笑,感动落泪,这是最需要求美的方面。换言之,好的视频应当具有观赏价值,无论其是否具有商业属性。

一、解决问题方案

"No problem can be solved from the same level of consciousness that created it"(要解决任何问题,都需要更加高屋建瓴的认识)。消费者之所以要放眼全球进行购买,一定是因为海外品牌能够更好地解决他们的问题。换言之,如果漂洋过海的国际品牌不能超越消费者的眼界,则必然无法为消费者带来解决问题的产品,遑论面向未来的竞争。

解决问题是日常生活中常见的任务。解决问题的方案包括三个要素:正确认识问题,开发可能的解决路径,以及选择合适的方案加以解决。对于跨境电商而言,首先应当确定的是对问题的正确认识和定义的准确程度。如果问题定义非常清晰,例如,消费者需要一张耐用且造型美观的办公桌。这种问题是普遍存在的,那么只需要找到合适的供应商,并以合理的价格及时供货即可。但如果问题定义较为模糊,例如,消费者在跨境电商平台搜索零食,很可能消费者并非出于果腹的需求,而是想要找到享乐型食品,或者用于在节日、聚会、庆典等款待客人的食品。这时,产品的口感、热量、包装、色彩等就难以轻易决策。不难发现,办公桌等功能性产品视频往往强调做工质量,而零食等享乐型产品视频经常凸显"快乐""休闲"等价值,这是由产品所对应问题的性质决定的。

对于问题解决的路径与方案而言,跨境电商企业在宣传品牌和产品时,则需要考虑按部就班开发产品,或为了某一特定问题特别进行研究开发,并以此为卖点进行宣传。在管理学中,与此相对应的概念分别是渐进性创新和颠覆性创新。由于渐进性创新的解决方案通常较为稳妥、实惠,而且通常不需要进行深度思考与认知即可加深消费者的印象,这样的宣传视频放在品牌形象的宣传上即可。例如,个人护理产品推出新的香型,或者休闲服饰推出当季新款,消费者会较为容易认知和理解这样的产品更新。

与渐进性创新相对,颠覆性创新的产品在进行宣传时,就需要对产品本身进行较为详细的介绍,以及为什么该创新性能够更好地解决消费者面临的、目前的产品与技术无法完美解决的问题。在这样的宣传视频中,就不宜大幅强调品牌本身,而应当着眼于为消费者介绍产品本身。

例如,安克(Anker)是中国跨境电商品牌出海的成功例子,连续在中国出海品牌50强榜单上名列前茅。对于电子产品而言,处理器、屏幕、软件开发等由于需要雄厚的技术储备,往往较为夺人眼球,而充电线、充电宝等附件产品则容易留下"大规模生产,附加值不高"的第一印象。因此,争取提高处理器的运算能力、屏幕的解析度和耐久性,以及软件的丰富程度,应该是电子产品品牌的发展方向。

但对于大多数消费者而言,在日常使用电子产品,尤其是手机时,最大的担忧反而是充电问题:通信、查阅资料、回复邮件、身份识别、定位导航、在线支付、影音娱乐等,离开电量都将无从谈起。正因为抓住了顾客需求中的关键问题,安克在产品质量、产品力、产品设计方面下功夫,因而在国际市场上取得了成功。

在对问题进行正确定义,取得品牌建设的初步成功后,如何进一步奠定品牌形象与资产?以图6-23为例,短短的17秒视频中,安克新款磁吸式充电宝MagGo解决了消费者关心的三个问题:充电迅速,随时随地解决电量问题;磁吸式无线充电可以在任何场景无缝使用,办公、旅行、驾车等场景都可以充电;贴心的手机支架功能,让消费者一边充电一边享受娱乐内容。与传统的充电宝相比,这些问题的解决方案无疑具有很大的吸引力。视频并未一味强调品牌,而是详细展示了产品的创新性,以及在不同场景下解决问题的能力。总而言之,选择了合适的视频宣传方式,可能是安克品牌在海外取得成功的一个重要原因。

图6-23 安克品牌短视频截图

二、叙事性

简言之,叙事是一种表达方式。在文学创作与研究中,叙事是频率最高的一种表述方法,也是文学创作的最基本的工具。在日常生活中,叙事就是将事情的前后经过、原因与结果、人的不同角度与感受记载下来或表达出来。在品牌管理中,叙事是将品牌所代表的核心价值用故事的方式传达给消费者。

在之前章节,我们讨论过叙事对于消费者身份认同的重要性。那么,对于跨境电商的视频制作而言,探讨叙事性的作用是什么? 早在 1998 年,数字媒体专家詹尼特·穆雷(Janet Murray)在其著作《全息甲板上的哈姆雷特》中就提到,传统的叙事是线性的,会根据时间或事件的逻辑顺序逐渐展开。例如,无论是 20 世纪名著《魔戒》还是在科幻领域具有代表性的《三体》,动辄跨越数十年甚至数千年,读者或观众只能耐心静待故事的缓慢展开。

在互联网的叙事方式中,时间、过程或事件变化都不再是唯一的叙事标准。伴随互联网长大的消费者对于"多线叙事""复调叙事"更为熟悉,这种叙事方式没有界限,各种要素可以互相交融,无论从内容还是从形式上,都与传统叙事大不相同。

互联网叙事的一大特征是信息过载。换言之,由于叙事性表达往往能够取得事半功倍的效果,企业无论规模、行业还是产品系列,都开始采用叙事性宣传,因此消费者每天都会面对成百上千叙事线的狂轰滥炸。久而久之,对叙事性再敏感的消费者也会对新的品牌故事熟视无睹。

但是,如果没有叙事,跨境电商的品牌宣传将更没有感染力和说服力。因此,视频设计中的叙事性成为典型的"知其不可为而为之"的任务。要让视频叙事变得更加有效,应当遵循以下几个原则。

首先,品牌叙事不应一味阐述和说教企业自身的观点,而应当从消费者的角度出发。消费者身份认同的关键即是从自己的视角审视消费。因此,视频叙事首先应当尽量挖掘消费者的经历、感受与叙事风格。以国际酒店预订网站 Agoda 的视频为例(见图 6-24),视频以穿着潜水服的主人公视角,穿越城市、乡村、丛林、海滩,体验不同的自然与人文风情。对于消费者而言,预订海外酒店带有一定的未知性和探险性,视频抓住了这一视角,并进行了视频设计,属于较为典型的从消费者自身经历进行品牌叙事的做法。

图 6-24　酒店预订网站 Agoda 宣传视频截图

其次,叙事的另一个重要原则是把握好叙事的角度与方法。喜新厌旧是消费者的本性。消费者不仅期待产品与服务不断推陈出新,也希望品牌能够不断改变叙事角度与方式,令消费者常用常新。由于互联网叙事的多线性,因此品牌管理不需要墨守成规,可以结合技术发展,进行互动式、游戏化的视频设计。以 2013 年美宝莲的互动化妆品视频为例(见图 6-25),消费者可以通过选择不同的风格,体验产品所带来的效果,这是互联网视频非线性、多角度、可反复回放等特点的典型体现。

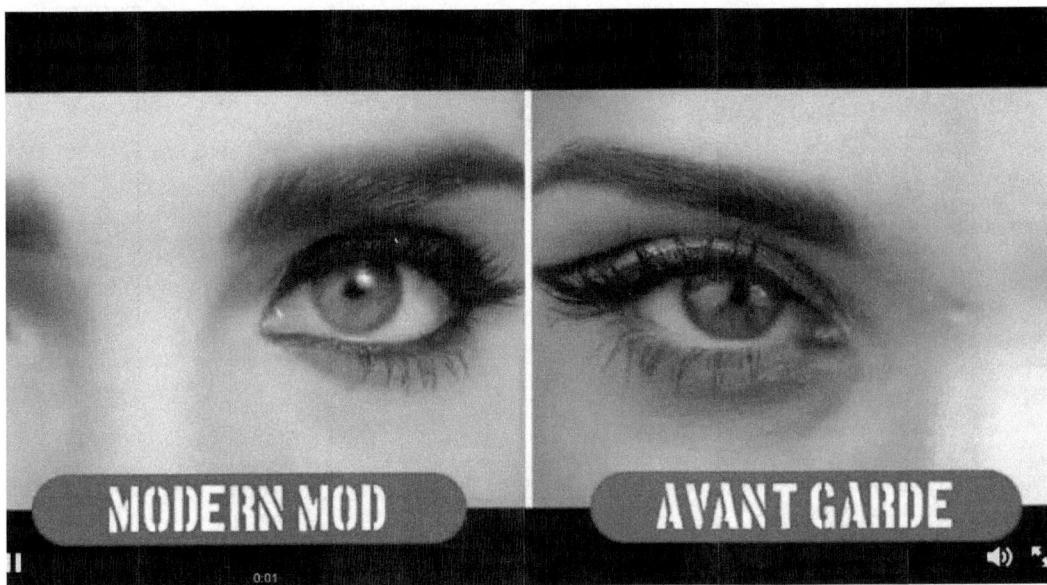

图 6-25　美宝莲产品互动视频截图

三、观赏价值

消费者花在观看视频上的时间在增加。根据 Statista 网站 2022 年的资料,约有27％的人每周花超过 10 个小时观看网络视频,平均到每天将近 1.5 个小时。因此,如果跨境电商品牌能够制作具有观赏价值的视频,将是打动消费者的一条捷径。

同时,通过娱乐进行品牌宣传的空间并非是无止境的。尼尔·波兹曼 1985 年的著作《娱乐至死》提到,美国社会的公众话语逐渐转变为以娱乐的方式展现,因此,任何意图影响公众的行为,也必须依附娱乐这一平台,无论是教育还是商业,都被娱乐所支配。马尔库塞在《单向度的人:发达工业社会意识形态研究》中也表达过类似的担忧。随着全球消费主义的盛行,现代性的崩解和娱乐化引起了很多有识之士的担忧。

因此,跨境电商在进行视频设计时,应小心谨慎地把握观赏价值和过度娱乐的界限。简宁斯·布莱恩特与彼得·沃德勒主编的《娱乐心理学》一书中提到,个体接受娱乐的动机可分为两种,追求结构意义(structural sense)或实质意义(substantive sense)。所谓结构意义,是指行为和目的之间的关系。例如,彩虹糖(Skittles)推出的一系列品牌推广视频,故事各不相同,有的发生在日常家庭,有的发生在蛮荒西部,有的则

第六章　跨境电商视觉设计

发生在课堂之上,但主题都是人们通过分享糖果而分享了快乐,属于将行为与目的建立特定联系的拍摄思路。

实质意义则指行为本身所包含的意义。例如,某个运动品牌拍摄了一个关于垂危病人的广告创意视频(见图 6-26)。在视频中,亲人、医护、病友都力劝主人公不要下床,但回忆起自己对自然和运动的热爱,主人公毅然换上了醒目的运动服装,跑出了医院大门,与山水自然融为一体,视频到此结束,并未用口号、字幕等方式加以说教。这样的创意建立在"生命在于运动"的哲学思考上,让消费者理解消费行为本身即是意义的品牌创意。

图 6-26 某体育品牌广告创意视频截图

真正的成功作品必然符合美学。在跨境电商的语境中,人工智能(artificial intelligence)是非常热门的技术话题。近年来,学者和从业者也提出了美学智慧(aesthetic intelligence)的概念。换言之,产品的功能属性能够满足消费者的基本诉求,但美学属性才能触及消费者的灵魂,让消费者真正认可品牌。美学智慧学者波琳·布朗(Pauline Brown)认为,对于跨境电商品牌而言,消费者主要是通过感官,而非逻辑判断,来进行产品和品牌选择的。因此,无论平面设计还是视频设计,跨境电商品牌都必须要时刻注意超越竞争对手,以真正的美学价值打动消费者。

结语

虽然理性与逻辑在思想中占据重要地位,但人在与外部环境进行日常互动时,感性也起到了至关重要的作用,因此对于跨境电商而言,视觉设计可能是产品和品牌取得成功的关键。无论是平面设计还是视频设计,企业都需要考虑将不同的要素糅合在一起,为消费者传达一致的信息,并且在形式和内容上不断创新,增加品牌黏性。

同时,视觉设计应当与技术紧密结合。无论是美学智慧的贯彻落实,还是利用增强

现实、物联网等让消费者沉浸体验,对视觉设计的探索是无止境的。

关键词

视觉设计;数字文化产品;色相;彩度;明度;饱和度;构图;框架;焦点;景深;视角;Logo;UI;字体设计;叙事性;美学智慧

思考题

1. 跨境电商视觉设计成功的关键是什么?
2. 怎样提升员工的视觉设计水平?

第七章
跨境电商客户关系与消费群落

学习目标

1. 跨境电商客户关系管理的重点；
2. 跨境电商消费群落的培育；
3. 跨境电商消费群落的管理。

导入案例

黑胶唱片的复兴

英文谚语"Jack of all trades"指的是杂而不精的人或事。对于品牌出海而言，如果目标客户群体不够清晰，可能很快会被众多的竞争品牌淹没。反之，"niche market"一般译为利基市场，指的是用户需求、偏好和身份认同较为明确和独特的细分市场。

传统的细分市场方式，如性别、年龄、收入等较为模糊，企业难以准确把握消费者心理，购买力也可能大相径庭。利基市场则相反，消费心理具有独有的特征，而且具有强大的购买力，但对品牌的期待也会较高。

数字音乐不仅可以随时随地播放，而且便于在社交网络上分享。随着音乐的数字化和线上流媒体服务的成熟，大多数消费者都会选择在 Spotify、WorldStar、网易、QQ等网站进行点播，但同时也出现了复古风潮的利基市场——黑胶唱片(见图 7-1)。

黑胶唱片的复兴是昙花一现的市场现象吗？根据英国《泰晤士报》报道，2021 年英国共售出超过五百万张黑胶唱片，销量已保持连续 14 年增长。这是因为上了年纪的英国消费者开始怀旧吗？美国唱片工业协会统计数据显示，半数黑胶唱片的顾客年龄在25 岁以下，而且销售额也多年保持稳定增长。国际唱片业协会(IFPI)2022 年的产业报告也显示，2021 年全球黑胶唱片销售额达到 50 亿美元之多。

黑胶(vinyl)唱片又称为 LP 唱片(long playing microgroove record)，是由美国Columbia 唱片公司于 1948 年所研发的一种声音媒体规格，具体为直径 12 寸的乙烯基(vinyl)胶片，在两面刻上纹路以保存声音，唱片每分钟旋转 33 又 1/3 次，每一面的播放时间早期为 22 分钟。黑胶唱片与数字录音技术相比，动态范围更低，也就是说，能够捕捉的声音细节更少，存储空间极为有限，而且还需要价格昂贵、占据空间的唱片机。那么，为什么世界各地都会出现黑胶唱片复兴的利基市场呢？

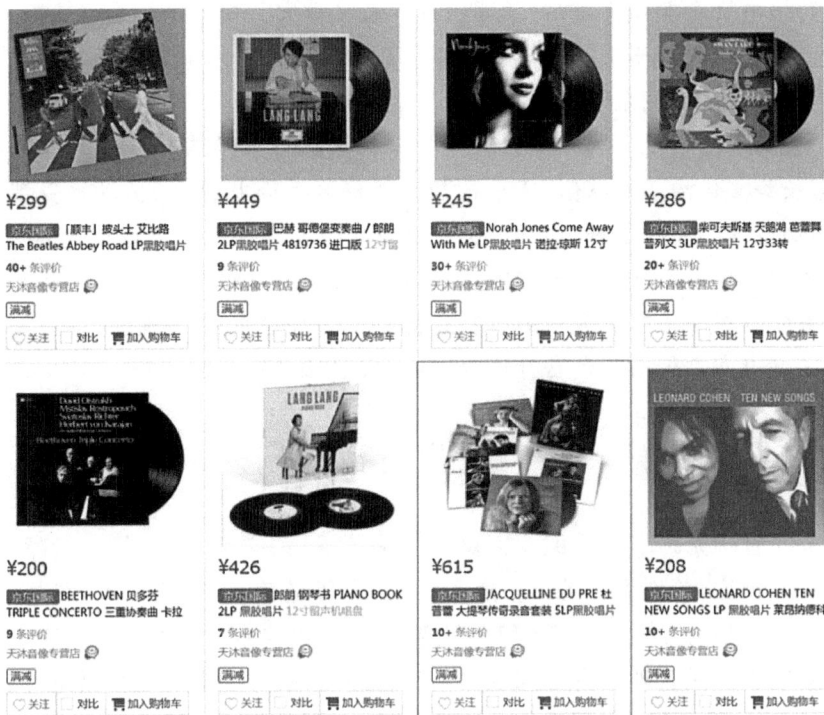

图 7-1 京东国际网站黑胶唱片产品截图

其他的音乐介质各有特点。例如,CD可以保留较高的音质,而且可以低成本大规模生产,轻便易携带。MP3的副本更可以看作成本近似为零,存储和传播极为便捷,非常适合流媒体播放。那么,黑胶唱片如何吸引消费者?首先,怀旧心理是一大原因,这在前面章节已有讨论,此处不再赘述。其次,黑胶唱片做工精致,包装、设计等都体现了音乐家和出版商的匠心,同时作品出色的黑胶唱片往往数量有限,不仅保值,而且具有收藏价值。最后,最重要的一点,黑胶唱片的爱好者通常会有自己的社交圈子,他们共同欣赏和交流,形成独特的消费群落,纵然得不到其他人的理解,也乐在其中,以此为傲。

思考题:

1. 黑胶唱片的复兴现象还能持续多久?

2. 利基市场的存在对于跨境电商有怎样的意义?

客户是企业最宝贵的资产。没有客户,其他任何经营管理措施的意义都无从谈起。市场营销学理论也因此逐渐从企业导向转变为市场和客户导向。同时,企业也都无法避免顾客流失(customer turnover)的问题。

传统行业可以通过察言观色、主动接触、保持互动等方式与顾客保持良好的关系,通常潜在问题也能够较早发现。跨境电商企业无法与顾客面对面交流,当顾客产生不满时,通常产品已经寄出,回复和解决问题的周期都远远大于传统行业。

第七章 跨境电商客户关系与消费群落

对于跨境电商企业而言,客户关系管理的意义重大。根据 Itransition 网站的数据,29％的电商销量增长源于成功的客户关系管理,超过 90％的电商企业(达到 10 人以上规模)会采用某种客户关系管理系统。

但是,仅靠一味地投入客户关系管理并非长久之计。要维持一支既懂产品与消费心理,又擅长跨文化沟通的队伍,成本指数必然提升。因此,除了被动接受消费者的问询,并努力保持良好关系之外,成功的跨境电商品牌还必须注意培育消费群落。消费群落不仅能够实现一定意义上的自治,还能够积极与品牌合作,促进品牌的进步与成长。

本章首先分析跨境电商客户关系管理的特点与面临的主要挑战,然后从社会文化角度剖析跨境电商品牌对于消费社群管理的培育和维持。

第一节　跨境电商客户关系管理

客户关系管理是跨境电商的一大难题。除了语言、文化、时差等天然障碍,跨境电商与传统行业相比,单件商品的价格通常较低,出货量较大,企业很难做到认真对待每一位客户。正因如此,跨境电商才亟须从管理方法和技术两个角度去解决这个难题。本节首先对客户关系管理的主要问题加以梳理,并联系跨境电商进行讨论,然后提出跨境电商客户关系管理的一些原则。

一、CRM 概述

客户关系管理即 customer relationship management(CRM),是通过将客户的信息以及客户与企业互动的记录进行汇总,帮助企业提升客户体验,提高用户满意度,避免客户流失,并不断改进服务质量。

从古至今,商人都十分重视与客户的关系。春秋时期政治家、经济学家、商界鼻祖范蠡曾三次经商成为巨富,又三次散尽家财回馈社会。他在《商训》中指出,"能接纳,礼文相待,交往者众",明确提出了商业成功的秘诀在于与他人的良好关系。

同样,古罗马时期并没有专门的写字楼或商业区。贵族富商每天上午的任务就是在家接待用户和供货商,并维持良好的私人关系。正如古罗马著名诗人西塞罗在《论友谊》中所写,"我以为那些错把功利当作基础的人,实在是丢掉了友谊的基础。我们愉快,不是由于从朋友那里得到了物质利益,而是由于得到了朋友的爱。"可见,无论中外,都认可人际关系才是物质利益的基础。

对于现代商业而言,20 世纪 50 年代 Rolodex 产品的出现(见图 7-2)标志着 CRM 成为一种系统性企业管理手段。通过将用户信息卡片分门别类进行汇总,企业得以提高查找、回应客户的效率。20 世纪 80 年代,随着计算机和数据库逐渐应用于商业,第一个用户管理软件 ACT! 诞生,随后,Oracle、SAP 等著名软件企业开始不断推出更为完善的 CRM 系统,并逐渐推广到移动互联网和云端。目前的技术发展方向是利用人工智能进行 CRM。

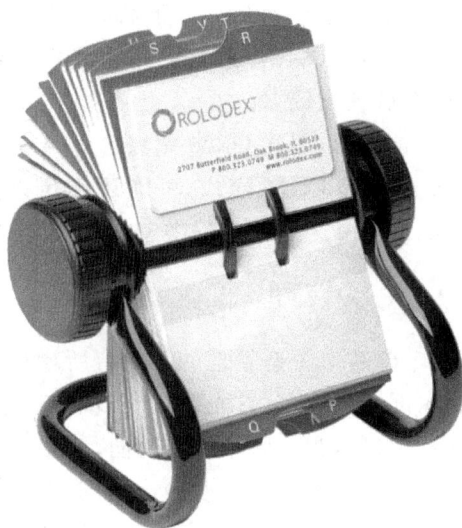

图 7 - 2　Rolodex

　　CRM 的基本流程如图 7 - 3 所示。首先,企业可以通过主动(邀请消费者参观生产线、评价产品、注册会员等)或被动(查询产品评论,记录用户反馈)的方式将客户的基本信息与主要观点、偏好进行记录。其次,将数据分类,及时、持续输入数据库,以扩大样本量,充实信息;聘请专业人士对数据进行分析,并将分析结果通报给不同的企业部门。最后,分析结果对于外部而言,可以帮助企业更好地提升用户体验,制定更为精准的营销促销互动;对于内部而言,则可以因地制宜,调整营销策略和企业战略。

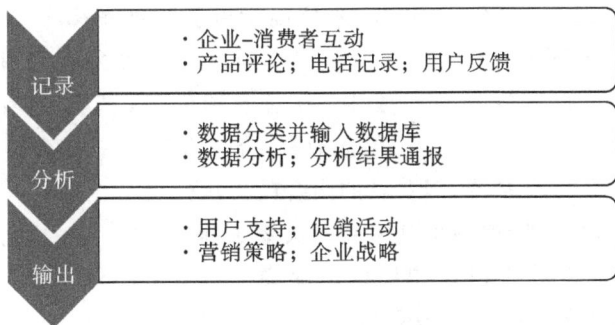

图 7 - 3　CRM 基本流程

　　首先,CRM 的基本职能是记录客户信息,使企业能够在需要联系客户、拓展业务时有据可查。除此之外,企业可以利用 CRM 系统指导日常运营,通过对每一位客户进行精准描述,包括基本信息、购买历史、以往推广手段等,从而提升品牌营销的效率,使营销活动与顾客服务自动化。其次,CRM 系统可以使用数据挖掘、相关性分析、聚类分析等手段,分析顾客数据,从而识别品牌管理目前存在的问题。再次,CRM 还能够指导企业与上下游合作企业加强合作。例如,假如 CRM 表示消费者对于产品本身满意,但对于订货周期和物流时间不满意,那就说明加强上下游企业的供货能力和提升物流速度是提高消费者满意度的关键。最后,CRM 还可以关注客户关系与企业文化、企业战略的联系,从而为企业的长远发展提供依据。

对于维护一般企业的日常经营,上述 CRM 做法已经足够。但是,跨境电商品牌想要生存发展,仅仅遵循传统行业的 CRM 模式,可能还不足以为品牌资产带来质的变化。下面将进一步探讨跨境电商品牌营销过程中怎样提高客户关系管理水平。

二、跨境电商客户关系管理

与传统行业相比,跨境电商客户关系管理的难度有所增加。究其原因,可分为内部与外部两个来源。从企业内部原因而言,首先,由于跨境电商不一定有自己的自营生产线,可能需要大量从其他企业采购,为了紧跟市场动向,质量控制标准不可能定得过高。而消费者一旦认为产品质量没有达到自己的期待,就可能选择其他品牌。

其次,对于传统行业而言,尤其是汽车、大家电等耐用消费品,消费者购买和更换的频率较低,因此产品生命周期较长,企业有充裕的时间进行新产品的研发。而跨境电商经营的通常是小家电、个人护理等快速消费品,消费者的购买频率较高,企业为了及时供货,可能无法及时进行创新,久而久之将落后于市场。

最后,跨境电商行业的流动性较高,员工和合伙人自身的客户资源容易被整体切割。

企业外部原因则更加复杂。国际关系的冷热变化,新技术与法律的实施,自然环境的变化和灾害的发生,都可能使客户主动或被动选择其他品牌。

如何应对这些困难? 跨境电商品牌需要克服的第一个问题是营销短视症(marketing myopia)。20 世纪 60 年代,哈佛商学院教授西奥多·莱维特就指出,大多数企业过于关注近在眼前的经营与利润,却忽视企业的长期发展和消费者的真正需求。对于跨境电商而言,如果急于回收成本,占据市场份额,就会更多关注投资回报率(return on investment,ROI)。为了保证盈利,合伙人和投资方会给管理层较大压力,但如果没有客户关系管理系统,消费者的声音就无法传递到企业。

因此,关系回报率开始逐渐得到重视。关系回报率可被定义为个人或品牌通过建立、维护和培育顾客关系所积累的价值。泰德·鲁宾(Ted Rubin)和凯瑟琳·罗斯(Kathryn Rose)合著的《关系回报率》(*Return on Relationship*)一书详细解释了品牌的社交媒体如何带来人际关系和品牌忠诚,品牌忠诚又如何提升销量。

对于大多数企业而言,投资回报可能线性增加,也可能边际效益递减。以广告投放频数为例,跨境电商品牌在电视媒体上投放广告,每天播放从 0 次到 3 次,销量可能会显著增加,增加到 6 次,销量可能提升放缓,而播放 10 次以上,无论再怎样增加播放量,销量可能都不会再提高。如果投资在客户关系上,最初可能并没有明显的效益,但随着关系的加深,可能会产生质的飞跃。

换位思考一下,顾客并不在意企业的市场份额、盈利能力、股票价格,唯一在意的就是企业和品牌是否真心关心顾客。当其他跨境电商企业仍然重复营销短视症的问题

时，重视顾客、关怀消费者的企业能够有效提升品牌忠诚度。

与产品生命周期的理念相似，客户生命周期是 CRM 的核心（见图 7-4）。对于传统行业而言，最难的可能在前三个步骤。以汽车为例，消费者可能只购买一次或寥寥数次，一旦初次消费满意度较高，后续可能就会保持较高的品牌忠诚度。

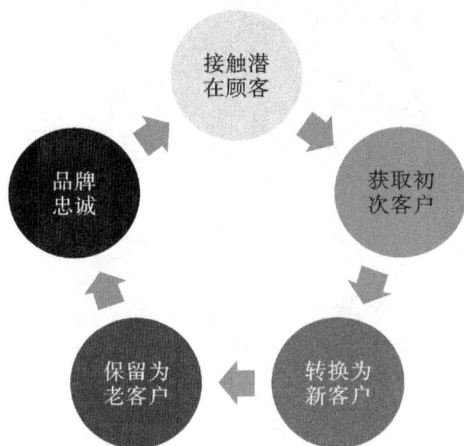

图 7-4　客户生命周期

但对于跨境电商来说，接触潜在顾客的成本较低，获取初次客户的风险也不算高。由于跨境电商的产品价格通常较为低廉，购买也较为频繁，故转换为新客户的可能性较高。但从新客户到老客户，以及建立较高的品牌忠诚度，可能是较难的步骤。因此，跨境电商企业更容易患上营销短视症，满足于短期销量的增长，从而忽视客户的保留和品牌忠诚的培育。

跨境电商企业在 CRM 上容易犯的第二个错误是虽然重视客户关系，但在不同的阶段有不同的衡量指标、评价体系和管理方法，导致前期收集的资料和数据到了后期无法使用。因此，跨境电商企业在发展初期就应当综合考虑成本和适用性，一次性选择好 CRM 系统，并保持使用该系统。这样不仅可节约后期成本，更重要的是能够稳定地积累客户信息，从而培育品牌忠诚。据 2020 年统计数据（见图 7-5），国际市场上较为常见的 CRM 系统包括 Salesforce、Adobe、Oracle、SAP、微软等。

跨境电商企业应当如何选择 CRM 系统？首先，系统界面应当简洁明快，产生令人愉悦的使用体验，且能够为营销人员提供足够的技术支持与使用方法，从而让员工乐于使用。其次，系统能够将消费者各种互动形式下的内容整合在一起，得出统一的结论。最后，系统能够自动加以分析，并以图表等方式将分析结果进行视觉呈现（见图 7-6）。

跨境电商品牌需要克服的第三个问题是，虽然 CRM 能够有效提升企业的管理效率，但 CRM 仍然容易从企业的角度出发，未从客户的角度出发。消费者较为关心的是，电商网站的使用和与人员的沟通是否方便顺畅，产品是否能够准确满足自己的消费需求，以及问题能否及时得到解决。相关研究发现，电商能够提升客户满意程度的因素包括：网站设计、网站易用性、信息质量、可靠性、反馈及时程度、网站可信度，以及个人

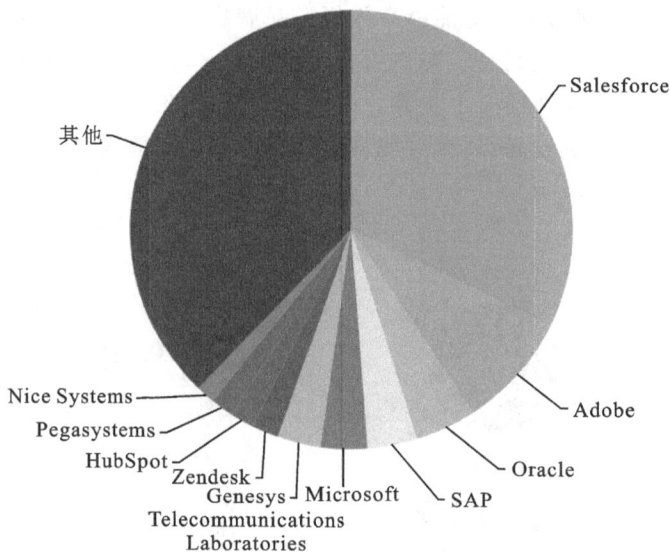

图 7 - 5　电商 CRM 市场份额

图 7 - 6　Salesforce 公司 CRM 系统

化功能。其中,网站易用性、信息质量、可靠性、反馈及时程度、网站可信度、个人化功能能够提升顾客满意度,且可靠性的提升效果最为明显。除了个人化功能外,这些因素也能够提高品牌忠诚度,且网站可信度的提升效果最为明显。可见,跨境电商的可靠性与可信度是提高品牌忠诚度的最有效影响因素。

　　总而言之,跨境电商企业为了提升消费者的品牌忠诚度,客户关系管理是最关键的问题。首先,跨境电商品牌应当克服营销短视症,重视客户生命周期的规律。其次,在选择 CRM 系统时应当谨慎,避免后期的巨大资源浪费。最后,跨境电商企业应当确认哪些因素能够更好地提升品牌忠诚度,避免无的放矢。

📍 第二节　跨境电商社群

　　管理学研究中一直存在中心化与去中心化的辩论。中心化的管理手段是将管理决策统一到高层进行,这样可以提升一致性和可靠性,基层员工和部门只需要执行决策即可。对于跨境电商企业而言,利用 CRM 系统将顾客信息录入,统一进行管理,并以此进行营销决策,甚至自动化处理客户关系,这是典型的中心化行为:为了避免不同员工、不同地区、不同时段对客户关系处理出现差异,企业可以保证管理的一致性。

　　去中心化的管理则相反。由于每一次管理实践都不会与之前的情况完全一致,套用以往的经验与规则可能会造成不同的结果,因此,去中心化的核心思想是将管理决策下放至不同的地区和职能部门,这样管理决策能够因地制宜,既不违背企业的战略目标,又能兼顾不同情况下的具体问题。对于跨境电商而言,虽然企业可以通过 CRM 引导消费和提高品牌忠诚度,但如果消费者能够自觉自愿地进行消费,并为品牌出谋划策,就会形成特定的品牌文化和消费群落。

一、消费群落

　　随着人均可支配收入的提升,消费群落会逐渐成形。以汉服为例,在 Z 时代和国潮文化的影响下,根据艾媒数据中心的估算,汉服市场销售规模已从 2015 年的 1.9 亿元增长至 2021 年的 100 亿元。穿着汉服的消费者以此为荣,互相交流消费经验,不穿着汉服的消费者则与他们缺少共同语言。因此,以服饰(如 cosplay)、饮食(如轻食主义)、交通工具(如跑车)、出行(如户外探险,见图 7 - 7)、休闲活动(如收藏)等为核心,会形成特定的群体和圈子,而每一种消费群落的支出都有可能价格不菲。

图 7 - 7　户外探险消费群落

　　群落是以共同的经历、仪式和传统为基础,以人际关系相联结的群体。在现代社会,消费者给品牌和产品赋予意义,提出各种苛刻的要求,将品牌融入人生,最终与品牌共同演进。在特定的历史与社会背景下,消费者利用购买和人际交流为自己的生活带来特殊的意义与身份认同。在消费群落的语境中,即使是最不起眼的日常消费,如饮用水、快餐等,都有可能含有特定的意义和仪式。

　　消费群落与社会文化意义上的群落不同。通常,每个个体只属于某个特定的社会文化群落,但一位消费者可能同时拥有多个群落身份。对于跨境电商而言,需要解读的第一个问题是,消费群落是如何形成的?无论从北美的人类学传统,还是欧洲的微观社会学传统出发,都认为人生的本质是社会交际。社交是一种高度复杂的现象,难以用自然科学简单的因果逻辑关系去衡量和分析。例如,现代主义观点会认为,是性别、年龄、社会阶层造成了特定的消费行为与文化。但联系客观现实,这样的观点无疑是站不住脚的:在户外探险的可能有男有女,有老有少,有的人穿着价值千金的服装和装备,而有的人则敢于轻装徒手,在深山老林探险。

　　经济学家认为,消费群落的崛起,与新自由主义经济学关系密切。新自由主义强调自由市场、提倡减税、反对国家干预,并鼓励利用政治、经济、军事手段扩展国际市场。自新自由主义成为经济学中的“显学”以来,世界各国的贫富差距日渐加大。首先,国家间的收入差距在拉大,据统计,最富有国家的人均收入已经是最贫穷国家人均收入的330多倍。其次,各国国内的贫富差距也在拉大。以美国为例,其基尼系数已远远超过0.4的警戒线,达到0.49。贫富差距带来阶层的分裂和社会不安定因素。因此,为了维系个体的自尊,加强自身的身份认同感,并规避与他人的比较,消费群落成为大多数人的避风港和庇护所。

　　对于跨境电商而言,需要解读的第二个问题是,个体在残酷的社会竞争和贫富差距下如何通过消费维护自尊和群落身份?以法国文化学者布尔迪厄的资本理论(见图7-8)为出发点,可以看出,虽然每个个体所掌握的经济资本可能天差地别,但经济资本会转化为其他的资本形式。例如,假设一个贫困家庭在机缘巧合之下,结识了著名音乐家,从而提升了自身的社会资本。这个家庭为子女选择了音乐之路,供其接受良好教育,子女的人生观、视野、知识与品位在教育的磨炼与著名音乐家的熏陶下得以大幅提升,该家庭的文化资本得以增值。子女获得了学位和同行的认可,并最终获得国际大奖,成为年轻人追捧的文化偶像,因此名利双收,该家庭的经济资本得以大幅增加。同时,支持者也形成了特定的消费群落,购买国际名牌乐器、参加名师培训,很多出身平凡的青年人也将此作为人生目标。

　　从该事例可以看出,消费群落正是布尔迪厄所提出的“场域”,在这一场域之中,资本与权力互相转化,个体充分利用自身掌握的资本进行博弈,尝试获取统治地位。无论是争论某品牌的哪一款产品更加经典,还是某企业的某种限量款更值得珍藏,其实都是每个个体在场域中的博弈努力。尽管每个场域内部斗争激烈,但场域之间却由于昂贵的价格、长期的消费投入而存在着巨大的无形屏障,各自独立、互相排斥。

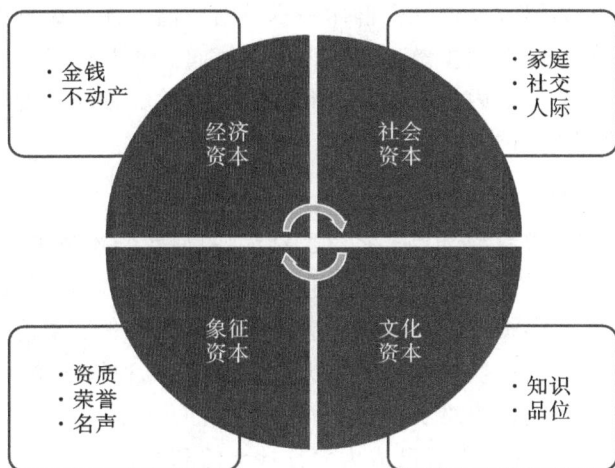

图 7-8　布尔迪厄资本理论

二、跨境电商消费群落

对于跨境电商品牌而言,CRM 是与每一位消费者个体保持良好人际关系的桥梁和纽带。但是,消费者之间的互动可能会给个体带来更加广泛而深远的影响。因此,培育、维持和发展属于自己品牌的消费群落,是跨境电商事半功倍的营销策略。

要做到这一点,首先需要理解消费群落有哪些种类,又应当如何管理。在此以伯纳德·科法(Bernard Cova)、罗伯特·库兹奈特(Robert Kozinets)与阿维·尚卡尔(Avi Shankar)所著《消费群落》(Consumer Tribes)一书中的模型(见图 7-9)为基本理论。消费群落的本质由两个维度决定:市场占有度(appropriation)和市场兼并度(annexation)。横轴的市场占有度指消费群落从市场获取资源并占为己有的程度,占

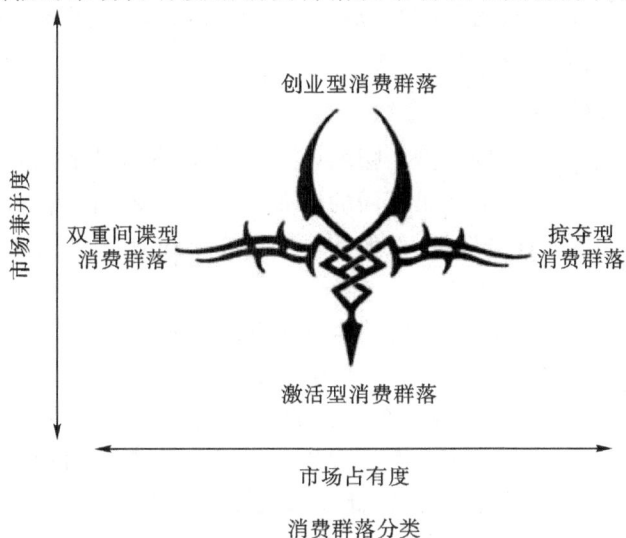

图 7-9　消费群落理论模型

有程度较高的群落容易招致其他社会群体和成员的指摘批评。纵轴的市场兼并度指消费者将本群落的价值观与准则扩散到其他群落的倾向。兼并度较低意味着群落成员甘于或乐于在自己建构的群落内乐享其成,相安无事;兼并度较高则说明群落希望扩大自身的影响力,成为他人的行为准则或参照。

1. 激活型消费群落

第一类消费群落是激活型。换言之,很多典型的消费群落独善其身,并没有向其他社会群体、阶层或个人主动扩散其行为准则和价值观的倾向。为了群落的发展,其可能会在一定程度上占有社会资源。生存主义者是较为典型的激活型消费群落。生存主义者起源于 20 世纪,主要是一些民众在世界大战、经济危机和核战争阴云的背景下,积极主动地采购必备物资和建设避难所,以应对可能发生的各种突发事件。在影视作品的进一步渲染和推动下,生存主义者已成为西方社会的利基市场。

由于生存主义者的基本原则是未雨绸缪,而且他人越无动于衷,自己采购物资和选择场地的余地越大,因此市场兼并度较低。但是,为了使自己在危机时期能够充分应对困难,这些消费者可能会过度采购社会资源,不仅造成浪费,还会抢占他人在危机时期急需的物资,因此具有一定的社会占有度。

如何培育和管理这一类型的消费群落?生存主义者常见的采购物品包括食物、服装、工具等。以速卖通网站的卖家故事为例,中国的安防类(如监控摄像头)产品跨境电商抓住了这一机会,创立自主品牌,在很多企业仍然将公司商用作为产品开发方向的时候,这些品牌认为民用才是巨大的潜在市场。随着技术的进一步提高,安装便利、具有生物识别和远程控制功能的产品可能将会进一步爆发。结合生存主义盛行的背景,安防类跨境电商品牌正是抓住了这一群落的消费需求。

总结来说,这类消费群体的原则是与其他群体井水不犯河水,但由于其消费观可能造成和他人的利益冲突,因此这一消费群体的诉求可能是简约、性价比高和便捷的解决方案,换句话说,这类消费群落能够"激活"特定的利基市场。因此,跨境电商品牌的产品开发思路应当以此为出发点。

2. 双重间谍型消费群落

第二类消费群落是双重间谍型。顾名思义,这类消费群落的消费者内心充满矛盾,希望在自己的消费行为中同时满足不同的标准。这类消费群体由于自身的需求较为独特,不会占有其他群体的社会资源,但他们可能会由于秉持各种标准,从而有意无意地将自己的看法与角度强加于他人。

快时尚是较为典型的双重间谍型消费群落。以快时尚跨境电商珠宝为例(见图 7-10),一方面,快时尚和传统的奢侈品牌并无交集,无论在成本还是定价方面,二者都有较大区别。另一方面,珠宝消费属于高度个人化的行为,也不会耗费大量的社会资源,因此通常也不涉及与其他群体的冲突。但是,快时尚消费者可能既希望产品价格低廉,又同时期待产品的设计与质感足够优秀,因此在佩戴快时尚珠宝产品时不能产生廉价感,甚至在与其他热衷于消费昂贵珠宝的群体交流时,可能会认为对方过于奢靡。

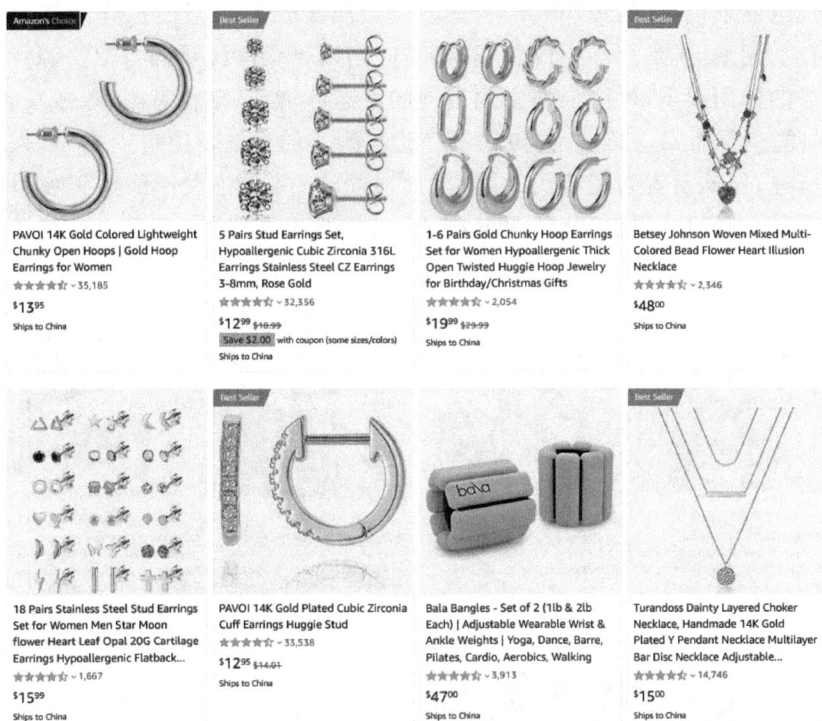

图 7 - 10　亚马逊网站快时尚珠宝产品截图

　　如何培育和管理这一类型的消费群落？同样以速卖通的卖家故事为例。在品牌出海的初期，许多中国的珠宝品牌认为"民族的就是世界的"，不仅以国风珠宝为卖点，而且尽量做到价格低廉。事实上，这是在用管理国内消费群落的经验去管理跨境电商消费群落，事实证明，这一做法效果欠佳。在进行摸索后，这些品牌逐渐提升价格，且避免与其他品牌打价格战，并在不同的市场向当地的审美观靠拢，推出适合当地的产品，这一做法取得了相当的成功。

　　如果应用消费群落理论，不难发现，快时尚珠宝消费者需要同时满足不同的标准。首先，这些珠宝不能过于昂贵，因为消费者追求的就是快时尚的性价比高。其次，这些珠宝品牌又必须带来一定的设计感和避免过于廉价的形象。这与中国跨境电商快时尚珠宝品牌的成功路径高度吻合。

3. 掠夺型消费群落

　　第三类消费群落是掠夺型。群落的存在不可能完全无公害，人也常常是自私和短视的。这类消费群落不仅尝试同时遵循不同的消费观，还在其消费行为中大量占据和消耗属于他人的公众资源。这些人在消费过程中可能招致他人的反感和厌恶，但他们自身却毫不自知，甚至变本加厉。在都市中经常见到呼啸而过的飙车族，在占据道路资源的同时，既追求自身的极致感官享受，又希望在惊险刺激中全身而退，是自相矛盾的消费标准。

在跨境电商语境中,钓鱼用具(见图7-11)属于较为典型的掠夺型消费群落。首先,无论河流、湖泊,还是海洋中的鱼类,都是应当属于全体民众的自然资源。钓鱼爱好者为了自身的休闲娱乐,可能会伤害到当地的生态环境,且猎物有限,A成功钓起了"鱼王",B就只能空手而归。其次,钓鱼属于经验与耐心的竞技,"愿者上钩"本来是这项活动的乐趣所在,但消费者为了节约时间、增加成功率,又会花大价钱购买吸引力更高的饵料,以及利用高科技寻找猎物的深度检测仪、鱼群找寻器等,也属于自相矛盾的消费标准。

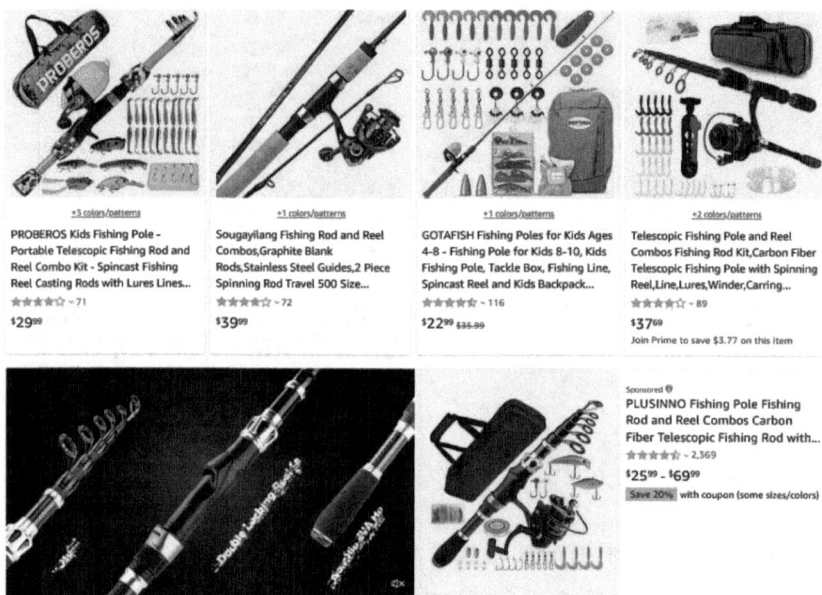

图7-11　亚马逊网站钓具产品截图

这类消费群落属于掠夺型,其消费对象通常具有稀缺性和不可再生性(如某水域中最珍稀的鱼类)。而且,由于消费标准自相矛盾,消费者可能经常会在消费行为和购买选择上较为困惑和犹豫。因此,对于跨境电商品牌而言,准确、及时的指导是最能提高这类消费群体满意度的方法。善用社交媒体发布解释性的信息,制作内容充实且言简意赅的视频,能够帮助消费者更早完成对资源的获取,并减少自身的困惑和疑虑,这对于品牌形象的提升大有裨益。中国渔具品牌在跨境出海时,利用了YouTube等视频平台,发布了产品相关的视频,使得用户群体互相转发,认可了中国品牌的价值与作用,这是利用消费群落特点的有效品牌营销手段。

4. 创业型消费群落

第四类消费群落是创业型。这类群体也可能会在消费行为中占据社会资源,但由于这类群体的社会影响力较高,他们的观点和行为可能会在很大程度上改变他人的看法,甚至帮助企业和品牌调整自身的产品生产开发和品牌发展战略。这类消费群体不仅带来了商业价值,更为企业和品牌创造了社会和文化价值。

因此,如果品牌能够和这类消费群落和衷共济,群策群力,则消费群落能够带来一传十,十传百的良好效果。但如果品牌与消费群落发生误解、龃龉和冲突,可能最终会造成两败俱伤的结果:品牌逐渐被消费群落冷淡、放弃,而消费群落也因为丢失自身的核心消费内容而逐渐风流云散。

例如,由于广大爱好者的追捧,《哈利·波特》书籍、电影都取得了巨大的商业成功,影响力遍及全球,这是消费群落主动扩散自身消费观的良好结果。然而,《哈利·波特》作者J. K. 罗琳由于自己的一些言论而与书籍和电影的消费群落发生了激烈的争辩,导致了很多意料之外的负面影响,这是品牌与消费群落价值观发生冲突的双输结局。

与之相比,中国可穿戴智能设备出海品牌的成功则是顺应了消费群落的观点与行为。近年来,可穿戴智能设备,如手环、手表、智能眼镜等热销,各大品牌纷纷下场角力,竞争非常激烈。中国出海品牌在一开始也是将国内的既有产品以较低的价格进行市场营销。但是,智能设备用户的期待不仅仅局限于品牌自身提供的基本功能和性价比,使用智能设备的用户非常期待自己能够对设备的功能和作用进行创新,换言之,他们属于非常典型的创业型消费群落。在分析出海初期的困难后,中国品牌开始利用后台数据为消费者提供持续的售后服务,帮助他们自行提升产品的作用。换言之,中国出海品牌的成功(见图7-12),不仅是产品的成功,更是与消费群落的公共关系的成功。

AMAZFIT

获奖理由

智能穿戴国际一线品牌,全球TOP5品牌商。产品强大的后台数据能力为消费者提供了出色的服务能力。

品牌主张:Make The World More Connected   所属行业:消费电子
主打产品:智能手表

图7-12　华米科技可穿戴智能设备截图

总之,跨境电商品牌应当利用CRM系统与每位消费者维持良好的关系,并关注每位消费者的周期变化,利用系统的自动化功能保持客户的黏性与品牌忠诚。同时,消费者之间、消费群体与品牌之间会不断形成消费群落,他们之间的影响可能远远大于品牌营销能够施加的影响。跨境电商与传统企业相比,距离消费者较远,因此培养和维护消費群落的重要性不容忽视。

结语

从黑胶唱片在国际市场的复兴和热销，到中国出海品牌的初试锋芒，可以看出，跨境电商品牌营销的关键绝非优质低价那么简单。正如本章提到的，人际关系是其他所有商业关系的基础。跨境电商在不同的语言、文化、政治、经济环境中，人际关系的建立是最难，但同时也是最有效的品牌营销手段。重视关系回报的企业，也能够得到投资回报，但反之则不一定可行。

企业与品牌无法改变消费群体的本质，但可以施加影响。跨境电商企业应当深刻分析自己面对的消费者群体属于怎样的群落类型，哪种品牌营销手段更为奏效，因势利导，与消费群体共同演化和进步，从而扩大商业价值。

关键词

客户关系管理（CRM）；消费群落；利基市场；顾客流失；营销短视症；关系回报率；客户生命周期；资本理论；文化资本

思考题

1. 跨境电商和传统企业的 CRM 有何异同？
2. 请举出自己所属的消费群落的例子。
3. 请选择一个跨境电商企业出海品牌和海外市场，并分析其消费群落的特征。

第八章
跨境电商品牌管理

学习目标

1. 重新认识品牌管理；
2. 品牌管理的范式；
3. 跨境电商品牌管理的战略。

导入案例

子不语的未来

浙江子不语电子商务有限公司成立于 2011 年，是一家通过自主研发 ERP 系统和物流仓储平台，并依托 Amazon、Wish、AliExpress、eBay、WalMart 等平台和自营独立站，向目标市场终端客户销售流行服饰、鞋帽、饰品等的集产品研发、设计、销售、供应链管理与服务为一体的"互联网＋产业"综合性公司。

2019—2021 年，子不语超过 90％的产品为自主设计，公司已自主设计培育了 200多个品牌，其中 64 个是年销售额超过 1000 万元的爆款品牌。同时，为满足用户的多元化需求，子不语亦从原始设备制造商(OEM)处采购部分非自主设计产品。而自主设计的品牌，子不语主要通过原始设备制造商进行产品的生产。截至 2022 年 2 月，该公司的原始设备制造商包括 677 名服装供应商以及 140 名鞋履供应商。为保持供应链的稳定，子不语还培养了独家供应商。2019—2021 年，子不语的独家供应商分别为 25 名、31 名、46 名。

从产品结构上看，子不语以服装为主，鞋履产品为辅，并逐渐向包括电子设备、文具以及体育用品在内的其他产品发力布局。2021 年，子不语来自服装、鞋履、其他产品的收入占比分别为 78.1％、19.3％、2.6％。

从客户地域来看，2021 年，子不语 86.5％的收入来自北美洲，10.1％的收入来自欧洲，2.1％来自亚洲。具体来看，美国是其最大市场，2018—2021 年，子不语来自美国的收入占比分别为 50.3％、58.8％、69.0％、85.5％，市场越来越向美国集中。

品牌是美国市场的关键。截至 2021 年 12 月 31 日，子不语已培育 200 多个品牌，其中 64 个是年销售额超过 1000 万元的爆款品牌。例如，2015 年推出的女装品牌Dellytop 位列 2020 年亚马逊同类畅销榜单前两名；2017 年推出的休闲男装品牌

Runcati,截至 2021 年 12 月,该品类位列亚马逊同类畅销产品榜单前三;2020 年 12 月,女装品牌 Cicy Bell(见图 8-1)旗下推出的首款女装位列亚马逊同类畅销产品榜单首位。

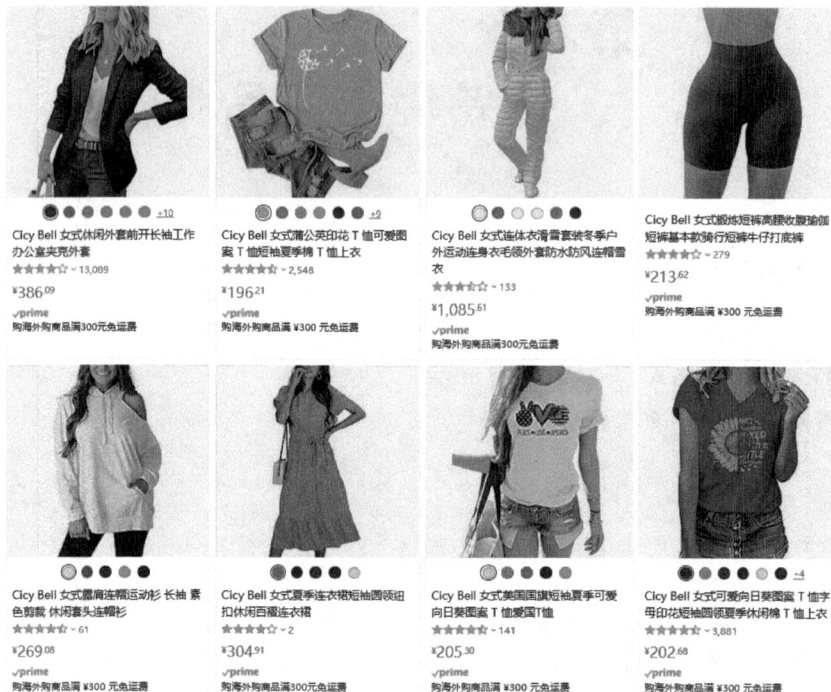

图 8-1 Cicy Bell 品牌亚马逊网站截图

从上述的介绍中不难看出,自主设计打造爆款品牌和产品是子不语的核心优势,且公司构建了稳定的原始设备制造商体系。为了开拓新增长点,子不语从三个方向发力,其一是由服装、鞋履产品向其他产品扩张;其二是建设自营网站;其三是客户地域扩张。但目前这三方面的成效仍不显著,特别是在 2021 年,这三方面似乎都在倒退,其他产品、自营网站的收入占比均在降低,而对美国市场的集中度则明显加大。

思考题:

1. 子不语的跨境电商品牌战略为什么能够成功?

2. 除了疫情,子不语在 2021 年遇到瓶颈的原因可能还有哪些?

第一节 跨境电商与品牌

跨境电商为什么要重视品牌? 在创立初期,电商企业可以凭借对市场的敏锐把握、跨境物流和海关手续的独特优势,以及自身在特定领域的经验,取得快速的增长。但随着业务的扩大,竞争对手必然也会逐渐增多。

如果在前期没有重视品牌建设,消费者可能会在竞争产品的低价策略引导下更改

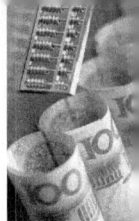

购买习惯。更重要的是，品牌会带来溢价，为企业创造更高的商业价值。如果其他企业的品牌效应更加突出，企业自身的供应链也会逐渐瓦解，成为其他品牌的合作方。

"进攻是最好的防守。"对于跨境电商而言，技术、资金和本土优势往往都暂时把持在传统行业的从业者手中。跨境电商企业只有做好品牌管理，制定出色的品牌策略，才有可能不断将优质的顾客、供应商和资源统筹在自己的手中，实现可持续发展。

一、品牌概念

品牌的传统定义是用以区分某一企业、产品或个人的各种商业概念的总和，包括标志、文字、图形甚至代表性的色彩图案组合等。虽然企业通常拥有合法的注册商标，包括图案、文字、设计组合等，但品牌价值远远超过注册商标本身。品牌本身是无形的，但构成品牌的各种感官元素却能够帮助消费者更好地认识企业及其衍生价值。

当代社会较为熟悉的品牌的英文为 brand，brand 一词的词源来自北欧，有灼烧之意。由于畜牧业需要为牲畜烙印以区分主人，因而该词逐渐代表了品牌的含义。欧洲其他各主要语言，如法语、德语、希腊语、俄语、西班牙语等，都使用的是 mark（标记）的同根词来表示品牌。换言之，品牌的主要目的就是"做标记"，与竞品区分。由于英语国家的影响力，一些其他语言如斯瓦希里语、芬兰语等，也直接借用了 brand 一词代表品牌。

在亚洲历史上，能够追溯到较早的品牌的例子包括印度史诗《摩诃婆罗多》中记载的一种营养食物——奇万普拉什（Chyawanprash），制作人是一位名叫奇万的智者，产品名称因此沿用至今。由于亚洲各国古代语言的文字系统差异较大，因此工匠更愿意使用图案来标记产品。北宋"济南刘家功夫针铺印记"铜版（见图 8-2）则是目前发现最早的中国品牌实物，该印记使用了家喻户晓的月兔作为标记，妇孺皆知，醒目生动。

图 8-2　宋代济南刘家功夫针铺印记

虽然品牌是人类社会古已有之的事物，但品牌的大规模使用则是工业革命之后的事情。由于生产力大幅提高，市场竞争加剧，企业不得不利用商标、广告等手段加深消费者的印象,从而得以获得市场的青睐。按照品牌学家凯文·凯勒的分析总结,20世纪是品牌理论得以发展和成形的重要时期。20世纪前半叶,工业品的大量出现使得企业进行品牌战略成为一种必然选择。而经济大萧条、世界大战则给品牌管理提出了挑战,即在社会发生剧烈变革的情况下如何保持长期成功。20世纪后半叶,企业管理者不断摸索品牌管理的原则与标准,在20世纪八九十年代基本定型。

对于传统行业而言,品牌的作用不言而喻。品牌不仅起到标记产品、质量承诺和倡导消费文化等作用,而且还会与消费者产生情感联系,使产品变成消费者生活的组成部分,甚至作为重要的仪式感来源。

二、品牌理论

对于消费者而言,品牌是一种分辨产品与厂家的捷径。有了对品牌的忠诚度与信任,消费者可以不必再花费大量时间与心思对比各种竞品,直接选择自己认为合适的品牌。那么,对于企业、市场甚至整个社会而言,品牌的意义是什么? 花大代价打造品牌是否得不偿失? 对于以效率和灵活性见长的跨境电商而言,品牌能够带来哪些价值?

首先,从经济学角度出发,品牌的作用仍然没有定论。经济学的基本假设是人的理性,以及效益的最大化。多件竞品中必然有"最优解",换句话说,从功能、设计、使用寿命等角度综合评判,其中一件商品应当是最能够满足用户需求的。如果将品牌作为首选要素,那么消费者的选择很可能是非理性的。而且,品牌通常会造成一定的溢价。越高档的产品和品牌,溢价幅度也相应越高。支付价格中的大部分用以获得品牌加持,这种做法肯定不是效益最大化的体现。

20世纪的学术研究已经表明,在很多产品种类中,如果隐去品牌标识,大多数消费者并不能准确辨识产品的品牌。著名的可口可乐和百事可乐盲测,以及常见的肥皂、面粉等都说明,产品本身的差异可能远远小于品牌之间的定价和消费者的偏好。

为了进一步解释品牌的经济价值,近年来,经济学的研究重点主要在以下几个方面:第一,由于品牌本身是无形的,但品牌资产可以被量化、测量、排名和评估,因此品牌资产与企业成长之间的关系值得探究。第二,由于产品之间的差异较小,但品牌的存在带来了新的变量,竞争企业会因为品牌效应而加速创新和提升管理水平,因此品牌的数量和知名度有助于解释市场的完全竞争程度和对创新的促进程度。第三,品牌能够带来产业集聚,对于地方和区域经济产生促进作用,因此各国、各地政府都会大力扶植著名品牌的孵化、落地和发展。第四,在日益强调绿色发展、可持续发展的21世纪,品牌能够保护消费者和其他利益关系人,从而促进社会福利的提高。

其次,品牌的消费心理理论同样重要。在本书的第二、三章中,已系统阐述了跨境电商消费者行为。无论是追求个性的表达,还是寻找归属感,品牌都能够以较小的代价和较为明确的区分度让消费者达到身份认同的目的。如果从消费者满意度考虑,功能单一、区别较小的产品,消费者难以区分,而功能复杂、技术水平高、区别较大的产品,又需要专业的知识和较长的时间进行体验,但品牌选择可以在最短的时间内刺激消费者的大脑,从而产生满足感。近年来,将脑神经科学应用于消费研究已是一种常见的科学

手段。行为经济学也多从消费者的实际心理活动与行为切入，并逆推其经济学解释。

最后，品牌管理必须顾及文化差异。20 世纪后半叶，品牌理论的着眼点从生产逐渐转向消费，而全球化则为品牌管理提出了新的课题。企业面临的第一个问题是原产国（country of origin）效应。由于各国在发展过程中产生了特定历史时期的比较优势，这些比较优势的主观印象会存续在消费者的认知当中。例如，由于美国在高科技、快时尚方面曾独领风骚，苹果、李维斯等品牌得到了全球消费者的认可，即使这些产品实际上并不一定在美国生产，消费者也愿意为之支付大量的品牌溢价。同理，由于悠久的奢侈品生产历史，法国在红葡萄酒、香水等产品类别方面也拥有较为强势的原产国效应。

对于全球消费者而言，对品牌的认识很可能始于原产国效应。放眼国内外的社交媒体和视频网站，视频上传者"以为在电商网站上购买的某中国品牌质量堪忧，结果惊喜连连"的视频汗牛充栋。虽然这种视频说明了中国品牌取得的长足进步，但也表明消费者形成的原产国效应并非一朝一夕能够改变。有的电商企业埋头苦干，希望能够通过持久的品牌质量和产品创新扭转这种局面，而有的企业则积极国际化，希望淡化原产国效应带来的影响。

文化差异带来的另一个挑战是国家品牌化（nation branding）。原产国效应的刻板印象不会永久保留。工业革命时期，由于起步比英国晚，德国制造在欧洲一度是粗制滥造、拙劣模仿的代名词。随着德国战后的不断努力，德国制造已经成为精工细作、精益求精的代名词。同理，韩国品牌也被认为是美国、日本品牌的模仿者，在着力打造韩国产品技术与设计并重的形象后，许多韩国品牌也跻身世界一流行列。在这一问题上，企业、政府和消费者应当共同摸索本国企业应当展现的优点和典型形象。

目前，学者已经提出了很多文化差异理论，如霍尔（Hall）、克拉克霍恩（Kluckholn）、霍夫斯泰德（Hofstede）、特朗皮纳斯（Trompenaars）等人分别从自己的学术角度提出了文化维度。例如，霍夫斯泰德文化维度理论中的一个指标是长期导向与短期导向。在此理论解释下，中国文化是世界各国中最为长期导向的，也就是说，中国人更愿意为了长期利益而牺牲短期利益。而中国品牌在打造产品时，更希望品牌走"小步快跑"的节奏，每一代产品的推陈出新非常迅速，而且总有一些功能创新。但西方国家的消费者对品牌的期待可能并不如此，也许很多产品设计和功能会一成不变。这样的差异也可能会潜移默化地影响品牌管理的战略和实施。

三、重新认识品牌

传统行业中，品牌常常是重要的消费因素。消费者青睐保时捷跑车、古驰皮包、可口可乐饮料等，主要原因就是品牌。21 世纪是互联网、数字经济和技术的时代，消费者掌握的信息呈指数增长，且获取信息的渠道也越来越便捷。跨境电商能够以更高的效率和可靠的质量满足消费需求。假如一位消费者发现，在跨境电商平台上名不见经传的产品，其功能、质量、体验和售后都超过了价格昂贵的实体店名牌产品，消费者是否还愿意为品牌支付高额的溢价？跨境电商还需要进行传统的品牌建设吗？

以图 8-3 为例，2021 年澳大利亚的一项消费者研究结果表明，影响电商产品选择的要素中,前五位分别是价格(79%)、便利性(55%)、评价(44%)、物流速度(42%)和品牌(35%)。这样的例子是否说明,我们需要重新思考品牌对于跨境电商的作用?

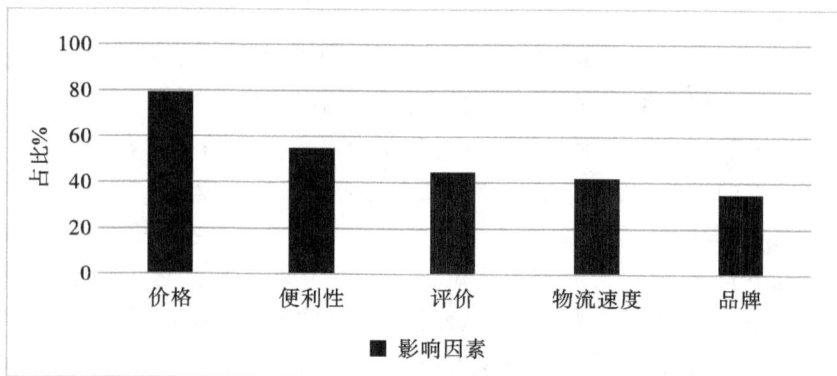

图 8-3　2021年澳大利亚电商产品选择要素

2010年《哈佛商业评论》的一篇文章《市场营销的再思》就提出了类似逻辑。如果今日的品牌经理仍然完全按照市场细分理论进行产品开发、定价等品牌战略,那么这家企业只可能在20世纪成功。当今,消费者关系才是企业成功的关键。

仍以亚马逊为例,纵览互联网上对亚马逊的评论与赞誉,不难发现,亚马逊的成功主要可以归结为:对消费者的高度重视,产品种类丰富,后台技术领先,等等。换言之,亚马逊的商业逻辑与传统零售业的沃尔玛不无相似之处:重视消费者购物体验,日常产品应有尽有,以及优化供应链。当消费者在沃尔玛或亚马逊购物时,首先认可的是购物平台和渠道,将购物平台作为消费的首选解决方案,而特定产品的品牌效应可能并不会完全发挥。

那么,跨境电商企业能够一成不变地把教科书上现有的品牌战略照搬到自己的日常管理中吗?如果需要进行微调甚至大量创新性修正,又应该在哪些问题上展开?本书前面章节就多次提及,当今全球消费文化中的一个重要倾向是崇尚极简、朴实的消费观。早在1999年,加拿大作家娜奥米·克莱恩(Naomi Klein)就在她的著作《NO LOGO:颠覆品牌全球统治》中提出类似观点:随着跨国企业业务不断开展,品牌成为支配他人,尤其是普通消费者的手段,而简约、崇尚自然、返璞归真的消费观可能是未来的发展方向。跨境电商的兴起,在一定程度上印证了娜奥米·克莱恩的观点:消费者的确利用了技术和社会的进步,开拓不同的消费可能性,以自身的选择来重新定义身份认同和消费文化。因此,有必要探讨跨境电商品牌管理的整体框架和模式。

🖱 第二节　品牌管理的范式

范式(paradigm)来自希腊语 $\pi\alpha\rho\alpha\delta\epsilon\iota\gamma\mu\alpha$,指科学研究中基本的思维方式。美国科学哲学家托马斯·库恩(Thomas Kuhn)在其著作《科学革命的结构》一书中对范式进行了深入探讨。托马斯·库恩认为,任何一门科学研究都需要建立一定的体系,该体系

之内的研究目的、理论、原则、方法、观点,甚至形而上学式的猜想,其总和可以被称为范式。

科学史表明,大到一门学科,小到一个理论,都会经历一段时间的研究、摸索、应用与质疑。如果某个范式在一段发展时期后,已经跟不上事物或社会的发展速度,那么就可能需要进行范式转移(paradigm shift)来修正。无论是从牛顿到爱因斯坦的物理学,还是从重商主义到自由贸易的经济学,都可以看作是一种科学革命,或者范式转移。

品牌管理有范式吗? 这些范式的依据是什么? 跨境电商的品牌管理与传统行业有哪些异同? 跨境电商是否会推动品牌管理的范式转移? 本节将对这些问题进行简要探讨。

一、品牌管理范式概述

品牌研究学者玛丽亚·卢罗(Maria Louro)与保罗·库尼亚(Paulo Cunha)在 2001年发表的 Brand management paradigms 一文中,根据品牌地位导向和消费者地位导向,提出了四种品牌管理范式:产品范式、适应范式、投射范式、关系范式(见图 8-4)。横轴为消费者地位导向,从左至右,消费者在品牌管理中的地位逐渐上升。纵轴为品牌地位导向,从下至上,品牌在品牌管理中的地位逐渐上升。

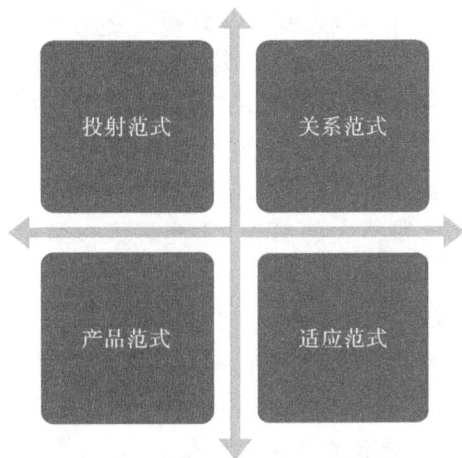

图 8-4 品牌管理范式

首先,如果企业并不将品牌和消费者作为战略的核心,以促使消费者持续购买作为首要考虑,则这样的战略可以称作产品范式。其优点是成本较低,而且也不容易受到品牌形象的束缚;缺点则是无法与消费者和市场建立联系,容易被他人所控制。传统行业中,农产品、OEM 是典型的产品范式。以农产品为例,由于农产品的单品价格较低,而数量极大,故大多数农场和国家无意花费重金打造品牌。国内以产地代替品牌的做法屡见不鲜,如东北大米、山东苹果、新疆葡萄等。多年来,粮食产业的品牌红利被简称为ABCD 的四大粮商——美国 ADM、美国邦吉(Bunge)、美国嘉吉(Cargill)和法国路易·达孚(Louis Dreyfus)——所瓜分。这些企业不仅控制整个产业链,而且掌握很多国家的粮食安全。国内企业如果想要在粮食产业上有所作为,就需要重新审视产品范式的优缺点。

其次,如果企业并不认为消费者的想法会左右品牌管理,而是认为自身的品牌战略应当放在企业战略的重要位置,如果品牌较为强势,那么消费者将会趋之若鹜。在这一假设下,企业将很可能倾向于将行业内领先品牌的管理方式投射到自身的战略当中。换言之,就是对其他品牌的模仿与学习,并争取创造更大的竞争优势。投射范式的优点是,品牌管理的效果立竿见影。由于其他品牌已经创造了一定的消费模式,自身品牌只要利用更高的性价比进入市场,通常能够分流现有的用户,并逐渐培养出消费者的品牌忠诚度。投射范式的缺点也同样明显,由于在与市场的领导品牌进行正面竞争,较为容易引发价格战和其他促销手段的"军备竞赛"。传统行业中,体育服装、汽车、酒店航空等的品牌管理都属于典型的投射范式。体育服装和汽车类产品的消费用途与情境通常是普遍一致的。通过对于市场领先者的模仿和学习,后起之秀可以利用国家或地区的比较优势,建立自己独特的品牌竞争力。

再次,与投射范式相反,如果企业对于自身品牌管理并没有非常强烈的执念,但高度重视消费者在企业战略中的意义与地位,企业有可能会为了消费者的需求和期待而改变现行的品牌管理方式。换言之,企业会主动适应市场,不断调整品牌管理,这就是品牌管理的适应范式。适应范式的优缺点与投射范式正好相反,由于追求对消费者需求的有机结合,故容易形成新的利基市场,驶入品牌蓝海,创造新的市场价值。同时,因为重视消费者需求的挖掘与满足,适应范式的产品开发、市场拓展与品牌建设的过程必然非常缓慢,容易被对手弯道超车。在传统行业中,高端服装、餐馆属于较为典型的适应范式。以法国米其林的美食评判标准为例,在世界各国进行评比中,必须照顾到市场的需求,同时兼顾不同口味和档次的餐馆,才能让大多数消费者认可米其林评比的意义。

最后,如果企业既重视品牌的作用,也重视消费者的地位,就必须致力于建立和加固品牌与消费者之间的联系,试图提升消费者的品牌忠诚度,这也称为关系范式。关系范式的优点不言而喻,既能够通过树立品牌形象创造消费习惯,以规模经济盈利,也能够兼顾消费者的需求,满足不同消费群体的期待。但是,关系范式必然属于较少品牌才能达成的成就。影视娱乐等属于较为典型的关系范式。视频点播网站如 Netflix 等,不仅提供良好的硬件环境,而且能够为每一位消费者推送适合的影视作品,极大增加了消费者的品牌黏性,建立了品牌与消费者的长期关系。

二、跨境电商与品牌范式转移

上文提出的四种范式是传统企业品牌管理的主要选择,而品牌要得以成长,必须选择产品范式-投射范式-关系范式,或者产品范式-适应范式-关系范式的必然路径。而且传统的品牌范式强调品牌认知、消费者忠诚以及在消费者心目中的品牌联想,从而构成品牌与消费者之间的关系。换言之,品牌与消费者之间如同一种长期的友谊关系(见图 8-5)。

换言之,品牌与消费者之间如同人在成长过程中的交友经历。当一个人走出家门,踏入校园,会结识很多人,且随着时间的推移,会逐渐找到志同道合的人作为挚友,且其中一小部分人可能会转变为一生的知己。同理,一位消费者可能会在初始阶段尝试购买很多品牌,少数品牌可能会在产品质量、艺术设计、技术水平、售后服务等一个或几个层面给消费者留下深刻印象,而消费者最终可能会在某一个产品类型上长期选择某品牌。传统的品牌范式就是依据这样的逻辑,提出一系列的品牌策略,包括如何增加消费者的品牌认知,怎样培养消费者忠诚,以及利用会员制、长期忠诚计划等留住顾客。

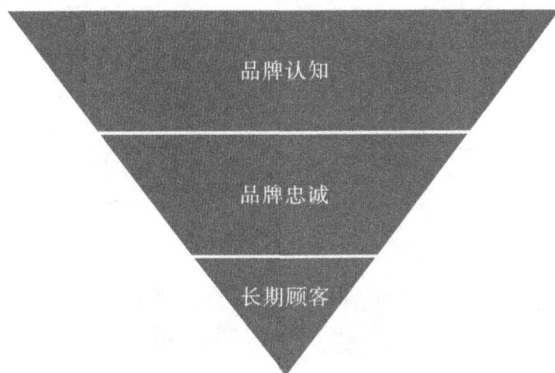

图 8-5　传统品牌管理范式中的品牌-顾客关系

因此,传统品牌范式的基本逻辑是倾向于静态化的:希望消费者能够减少变化,与品牌建立长期、稳定且牢固的关系。品牌管理的目的是品牌与消费者双向奔赴的过程:企业逐渐积累品牌资产,而消费者则利用品牌形成消费习惯、消费文化与消费群落,并乐此不疲。在这些品牌范式中,品牌"做大做强"是基本假设。

跨境电商企业的品牌范式则可能无法遵循与传统品牌范式一样的逻辑。首先,跨境电商的发展速度不允许企业依赖品牌的长期战略。其次,消费者的消费需求与语境也会日新月异。因此,消费者与品牌之间的关系更加动态。早在 1973 年,经济学家舒马赫(E. F. Schumacher)的著作《小即是美》中就提出,现有的生产模式是无法可持续发展的,如果所有企业都追求规模,则将引发恶性竞争,最终受伤害的必然是民众和经济。因此,舒马赫提出了"乡村经济"的概念,认为经济活动应该更加生态化。这种超前的概念与中国后来利用跨境电商助力乡村振兴、减少大城市的过度发展的理念是不谋而合的。

同理,联合国贸易和发展会议(UNCTAD)秘书长在 2020 年的一份声明中提到,电子商务是应对全球疫情的良策。但是,数字经济仍然面临着贫富分化加剧的问题:富有的国家、企业与个人在互联网上更加呼风唤雨,而发展中国家在数字经济的浪潮中日益落后。可见,现有的市场治理方式亟须改革。

因此,跨境电商品牌管理不应再拘泥于静态化的努力,而应当积极利用动态化的倾向。品牌管理如同龟兔赛跑,如果按照既有的品牌管理范式进行,可能落后者将永远落后下去。

　　跨境电商的品牌管理范式可以不再遵循岁月静好的校园友谊的倒金字塔模型,可以采用类似于热火朝天的体育比赛的轮次模型(见图8-6)。消费者的每次购物体验如同参加多轮次比赛。正如体育明星一般,消费者会审时度势,根据时间、地点、对手等决定这一次比赛的队友组合。对于消费者而言,品牌选择如同选择队友:第一轮的队友也许是不错的选择,随着比赛进行,消费者可能会大幅改变阵容,但也可能在几轮之后,根据形势变化,再次选择这位队友。品牌必须做好两件事:不仅要与消费者保持良好的关系,还要在合适的时间、地点和比赛任务中出现。

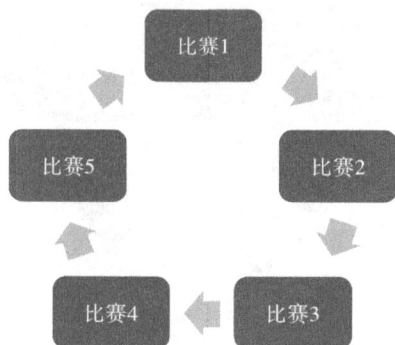

图8-6　跨境电商品牌管理范式中的品牌-顾客关系

　　以这一品牌管理范式的假设出发来审视跨境电商的品牌管理案例,可以看出,无论是本章引用的子不语,还是之前章节提到的 ZARA、黑胶唱片、Bellroy 皮具等,无论从品牌、行业还是消费者角度,这些成功案例与传统行业都不尽相同。以黑胶唱片产业的复兴为例,消费者很可能不会只购买某个特定国家的某一家唱片公司的产品,这一产业天然的消费特征就是在全球市场中找寻少见而珍贵的版本进行购买收藏。在这一跨境电商的消费情境中,品牌不再是消费决策与行为的绝对核心与权威。消费者能够通过跨境电商提供的更多选择得到更大的消费自治,且品牌与消费者之间是较为平等的伙伴关系,而并非是传统品牌管理范式中,品牌对消费者进行启蒙、说教和劝导。

　　可以想象,如果只遵循传统的品牌管理范式,这些企业或商业模式可能仍然默默无闻。但这并不意味着跨境电商品牌管理可以放弃品牌认知、顾客忠诚和长期关系的建立,任何品牌都需要消费者的正确认知和信任。与传统行业的竞争对手相比,跨境电商的优势往往在于性价比高和完善的物流服务。尤其对于品牌独立站而言,品牌管理与建设通常还有很长的路要走。

　　本章的观点在于,对于跨境电商而言,并没有太多时间用来按部就班进行品牌建设,重要的是与消费者互动的机遇,以及能够站在消费者的角度,分析消费者为什么会在特定的时机与语境下购买该品牌,或者选择了其他品牌,以及品牌切换的可能原因,企业又能够通过怎样的品牌营销来保持与消费者的积极互动。

结语

由本章的分析可以看出，跨境电商的基本原则虽然是优质低价，但其品牌营销的关键绝非那么简单。首先，品牌的基本作用是区分产品，但在消费者的决策过程和记忆中，品牌的作用远远大于标记。其次，无论从经济学、心理学还是跨文化管理理论出发，品牌都能够发挥其独特的作用。

那么，传统的品牌管理范式是否还适用于21世纪的跨境电商？从对四种品牌管理范式的分析中可以看出，答案是不确定的。虽然跨境电商企业也可能为了自身的发展战略而使用产品范式或关系范式，但由于跨境电商行业的动态性，传统品牌管理的方法可能不一定奏效。无论是亚马逊、速卖通还是本章提及的子不语，都在打破传统的品牌管理范式，摸索属于自己的策略。

关键词

品牌管理；注册商标；原产国效应；国家品牌化；范式；产品范式；投射范式；适应范式；关系范式；品牌管理范式转移

思考题

1. 跨境电商和传统企业的品牌管理有何异同？
2. 中国跨境电商企业的品牌战略是否最优？
3. 跨境电商品牌管理的范式转移是否已经完成？

第九章
跨境电商品牌战略

学习目标

1. 品牌战略；
2. 跨境电商品牌资产管理；
3. 跨境电商品牌长期战略。

导入案例

跨境电商助力美的品牌

2021 年，胡润家电品牌价值排名榜上，美的集团（Midea Group）以 525 亿元品牌价值位居第一，品牌价值占集团市值比例的 12%。随着全球消费升级，以电视、冰箱、空调等大家电进行线下销售的模式已不能再驱动品牌资产。美的销量靠前的产品包括电磁炉、微波炉、电压力锅等，这些产品的单价不高，不需要安装，即插即用，且属于易耗品，过若干年就会更换，消费者更愿意在电商平台上购买（见图 9-1）。

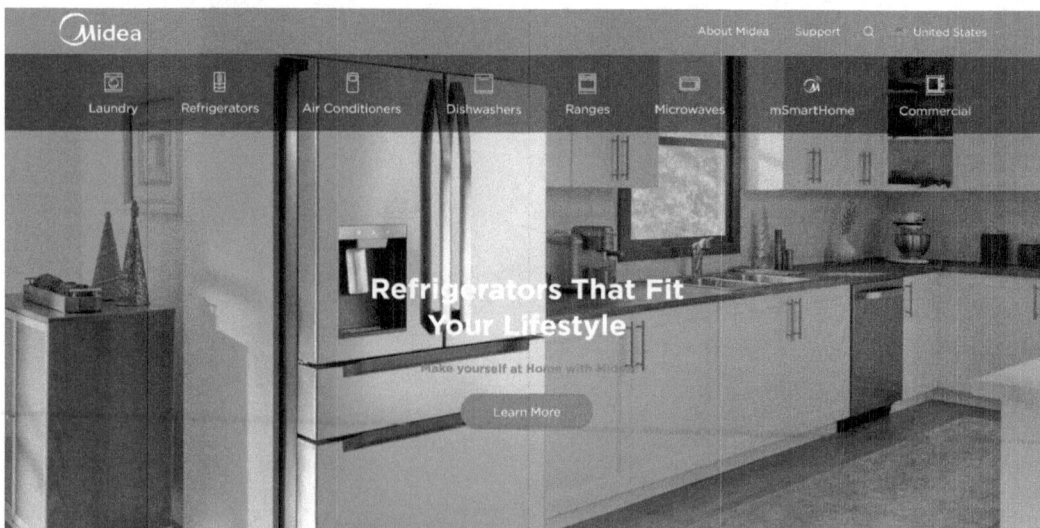

图 9-1 美的独立站网页截图

通过创新海外端到端综合物流解决方案、完善海外制造布局、应用金融工具等措施，来应对大宗原材料和海运成本上涨的压力，美的集团2021年跨境电商业务同比增长超七成。

当前中国家电出口面临的主要问题是，原材料价格大幅上涨和海运成本飙升，并传导到终端。美的具备一定的规模成本优势，加之采用滚动锁定人民币汇率、大宗原材料价格等期货和外汇工具，逐步消化了成本上升的压力。

为了解决海运货柜紧张、运价飙升的难题，美的2021年与中远海运进行战略合作，截至2021年11月，预付运费的货运量同比增长超过100%。目前预付运费的模式在美的出口货运量中的占比已接近40%，2020年这一占比只有15%～16%。美的集团副总裁说，为了进一步提高物流掌控能力，美的自主品牌出口的产品全部采用预付运费模式，代工出口的产品也逐步采用该模式。

2020年下半年起，美的着力重建国际物流平台，以增强对海外客户的吸引力。不只中远海运，美的还与马士基等多家国际物流企业合作，打造从生产线到集装箱、海运，再到目标国家仓库的端到端综合物流解决方案，尽量控制中间环节的风险。

扩大海外市场本土生产的比例，也是应对成本上升的重要解决方案。2021年开始，美的加快在海外制造的布局，从"中国供全球"变为"中国供全球＋区域供区域"。美的目前在全球有34个生产基地，其中17个在海外。

近期美的不断加速海外电商构建，成立了不同层级的跨境电商公司。美的集团成立了跨境电商公司，同时各事业部也成立了自己的跨境电商团队，除美的、东芝、Comfee等主品牌外，各事业部也都有专门做跨境电商的品牌。

美的在海外市场将以持续产品创新为突破口，推动用户直达的业务模式落地，在核心战略市场全方位打造美的智慧家居品牌形象，强化本土化研发和制造能力。

思考题：

1. 为什么美的意图大力发展跨境电商？
2. 跨境电商业务对于美的品牌的长远意义是什么？

第一节　品牌战略

虽然日常的品牌管理很重要，但战略才是企业成败的关键。《孙子兵法》不仅是我国古代思想宝库中耀眼的名篇，更是世界各国商学院师生反复阅读的不朽著作。《谋攻篇》中有云，"不战而屈人之兵，善之善者也。"

品牌代表着企业战略的精髓。如果将这一战略思想应用于中国跨境电商企业的品牌管理，不难得出，品牌战略的作用并不是为了与其他企业进行一城一地的直接竞争。品牌能够形成独特的细分市场和消费群落，带来稳定的收入和未来发展的基础，令其他品牌在这片消费群体中知难而退。

是否存在一步登天的品牌战略捷径？美国哈佛大学教授迈克尔·波特曾提出，制定战略的关键不是"应该做什么"，而是"不应该做什么"。

换言之,企业发展的方向并非一朝一夕能够确定清楚的。通过制定战略,能够防止管理者在特定的场景和语境下做出南辕北辙的管理决策。在长期的市场竞争中,不是比哪家企业的冲劲大、热情高,而是比哪家企业犯的错误更少。和传统行业的稳定形态相比,跨境电商行业仍在不断演化,因此企业犯错的概率可能更高,容错空间也较少。

本节从品牌战略的制定和跨境电商品牌管理的得失出发,探讨品牌资产与品牌战略的联系,以及制定跨境电商品牌长期战略的意义。

一、理解品牌战略

在品牌战略的研究过程中,一本商业畅销书——《基业长青》曾产生广泛的影响。《基业长青》的主要思想即是那些卓越公司的成功经验,可以表述为以下几个方面:①做造钟师,不要做报时人;②兼容并蓄的融合;③保存核心,刺激进步。

从品牌管理的角度出发,似乎可以理解为:第一,企业应当掌握关键技术,而不能成为其他品牌的附庸,为他人作嫁衣。第二,企业无法预知经济社会发展与技术进步的方向,因此不应把鸡蛋放在一个篮子里,豪赌某个方向,而是应当多点开花,采用多品牌、多产品线、多市场战略,最小化风险。第三,企业应当认清自身的核心竞争力,但也不能因此而骄傲自满,故步自封,应当不断吸收新思想、新血液,以使品牌保持领先,不断进步。

这样的总结在当时引起轰动,得到业界广泛关注。但事与愿违,经过时间的考验,《基业长青》中提到的 18 家公司,很多在短短的 10 年间就遇到了巨大的困难。这是否说明作者总结的管理经验并不可靠呢?2011 年,詹姆斯·柯林斯与莫滕·汉森再度思考了这些问题,并在《选择卓越》一书中提出十倍赢家(10Xers)的概念,即能够比行业水平高出 10 倍以上的少数企业。这些企业无比坚定地坚持自身的目标与原则,在复杂多变的环境中不盲听盲从,而是通过观察、实验和直接实践增加自己的洞察力,并且认为情况总会变得更糟,并做出相应的对策。

简言之,少数品牌之所以能够成功,除了能够坚决执行战略,还能在企业成长的关键节点做对决策。而多数品牌由于对现状故步自封、管理者退休、业态发生变化或其他竞争对手的强势崛起,逐渐走向消亡(见图 9-2)。与产品生命周期不同,产品最终将不可避免地走向衰退和消亡,但品牌可以通过创新和国际市场的拓展,再度辉煌。

品牌都能够长期存在,不断复兴吗?怎样防止品牌过早消亡?这样的问题是许多国内外品牌战略学者与管理者都在努力回答和实践的课题。对于跨境电商而言,以下几点需要重点考虑。

首先,虽然市场的动向千变万化,但唯一可循的规律必然是物价的下降趋势。随着科技的进步,以前的奢侈品可能会逐渐变成今天的日常消费品。因此,跨境电商品牌战略的首要考量,就是在物价下降的趋势中因势利导,树立自身的独特优势。

那么,以长期低价作为跨境电商的品牌战略是否可行?低价策略顺应了市场的趋势,其好处是显而易见的。由于定价低,生产成本也会相应降低,从而使研发费用、固定资产投入、生产边际成本、仓储物流费用都会相应低廉。由于试错代价低,品牌会吸引更多的消费者尝试并转化为长期用户,因此可能会更快出现规模经济。

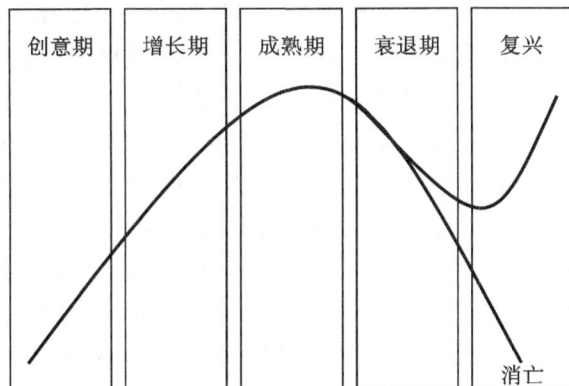

图 9-2　品牌生命周期

　　当然,长期执行低价品牌战略,其负面作用也将逐渐凸显。第一,低成本所带来的首要问题是产品附加值的提升空间非常有限,消费者感知价值也会止步不前,容易被竞品替代。第二,常见的营销策略,如降价促销、打折券等,对消费者的吸引力也会变得非常有限。第三,由于产品的单价较低,企业很可能将无法为某件单品而着力维护客户关系,久而久之,品牌将失去消费者的信任与好感。因此,并非所有的跨境电商品牌都一定要机械遵循低价战略。

　　如果价格不是唯一的考虑,是否有其他可依赖的因素? 凯文·凯勒的品牌价值链模型(见图 9-3)可以为品牌战略提供思路。其中,品牌价值共分四个层次,分别为品牌意识(显著性)、品牌形象(认知、情感)、品牌反应(理性、感性)和品牌关系(共鸣)。

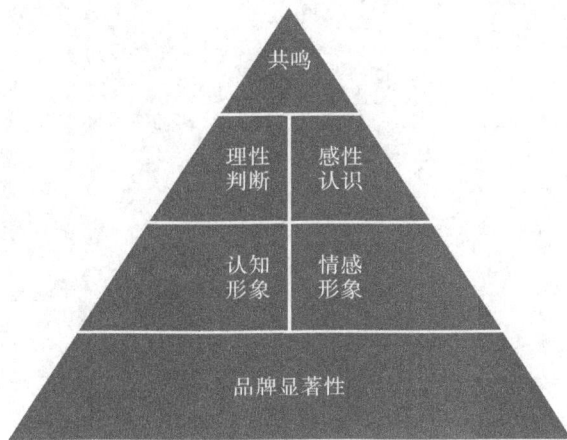

图 9-3　品牌价值链模型

　　从品牌价值链模型可以看出,低价策略主要体现在品牌显著性层面,即品牌所归属种类(如奢侈品、大众消费品、低价打折)和具体满足的消费需求(如自我实现、归属需求、安全需求)。因此,正如上文的分析结果,低价策略的号召力非常有限,且很容易被替代。因此,很多企业的品牌策略可能会向上延伸,通过提升在消费者心目中的形象,改善消费者对品牌的反应,并形成良好的消费者-品牌关系。

其次,合理利用品牌形象和品牌反应层面的要素,可以加速品牌策略的实行。近年来,跨境电商出海品牌中的电子产品强调创新性,而美妆产品强调传统审美,是分别在认知与理性和情感与感性方面取得消费者的认可。但这样的策略,也很容易被竞争对手所效仿和超越。由于跨境电商品牌常常会在产品、渠道、价格、促销等营销组合要素上与其他品牌共享资源,品牌之间的藩篱更加薄弱,因此,品牌策略中一定需要有独特性强、不可替代的元素,才能够最大化消费者的共鸣,形成稳固的品牌关系。总之,品牌策略中一定要发掘属于企业的独特要素,并将其品牌化,作为长期策略中最为核心的价值。

最后,很多品牌管理者可能会认为,自身的产品或服务缺乏独特性。事实上,企业的任何要素均可品牌化。例如,如果产地独特,可以以产地作为品牌核心,如以红酒、矿泉水为典型事例的农产品主要取决于当地的自然生态环境,因此可以成为品牌的核心价值。法国勃艮第红酒产区的罗曼尼·康帝(La Romanee Conti),每瓶售价超过 10 万美元,而号称全球最贵的瓶装水品牌,美国的 Beverly Hills 9OH2O 每瓶售价也达 10 万美元(见图 9-4)。这些产品的品牌价值主要来自产地的悠久历史、优越的自然环境或独特的人文遗产。中国地大物博,可利用的产地背景不胜枚举,而法国、意大利、西班牙等自然与人文遗产较多的欧洲国家,在这一点上就充分利用了自身的优势。

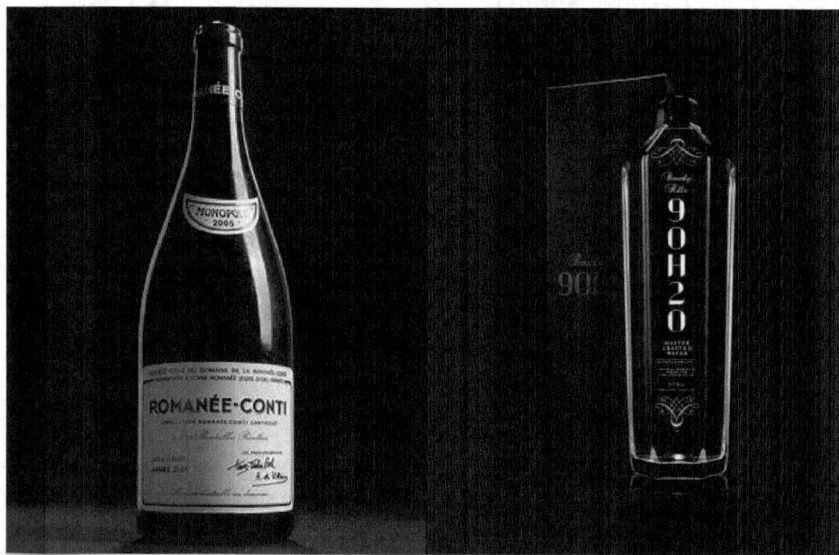

图 9-4　全球最贵的红酒与瓶装水品牌举例

再比如,与品牌相关的人也可以品牌化。与 Logo、口号、广告甚至产地等相比,人往往是最容易与消费者产生共鸣、形成客户黏性的品牌要素。近年来,"直播带货"兴

起,但并非所有的名人都能够有效提升销量,归根结底是因为人与品牌的匹配不够精准而造成的。在传统行业中,加布里埃·香奈儿(即可可·香奈儿)是较具代表性的个人品牌化的例子。

总之,虽然管理者努力延长品牌的寿命,希望能够避免品牌衰败,也提出了各种品牌策略,且低价策略经常成为首选,但实际上,跨境电商企业和品牌的生命周期都在变短。究其原因,主要是物价的长期下行趋势,导致竞争激烈,品牌原有的优势容易被复制和超越。因此,对品牌战略的理解应当超越品牌的显著性阶段,尽量发掘企业可以品牌化、难以被复制的要素,从而为品牌战略的长期成功打好基础。

二、跨境电商品牌战略现状

无论与传统行业,还是与国内电商相比,制定跨境电商品牌战略的难度都更高。究其原因,主要包括以下三点:第一,除少数企业直接从线上业务起家,具有先发优势之外,大多数企业还是从线下业务逐渐转变至线上,管理层对线下品牌管理较为熟悉。如果将线下的品牌策略照搬到线上,往往会出现水土不服的情况。第二,多数企业关注品牌策略中关于有形产品的要素,如性价比、物流速度等,虽然无可厚非,但由于竞争日趋激烈,加上疫情、政治冲突等黑天鹅事件的影响,商品采购价格和物流成本只会不断攀升。而且,一些市场的电子支付技术高度成熟,而另一些市场则达不到同样的条件,极大地限制了购买意愿。第三,多数管理层成员和一线员工如果未能熟练掌握外语和了解文化差异,尤其是目标市场的外语和文化特征,会造成沟通障碍。即使可以通过翻译工具或专业翻译人员的协助,但文化鸿沟也令品牌策略步履维艰。另外,不同国家的消费者对于品牌-顾客关系的期待可能各不相同,导致企业无法使用同一标准来满足不同需求。

跨境电商企业如何应对这些挑战,制定相应的品牌策略?首先,由于国际企业在跨境电商上起步较早,故应当审视国际跨境电商品牌的策略得失。虽然这些企业在所处行业和国别市场上有所区别,但在品牌战略上还是表现出许多共同点。国际企业发展历程较长,产品较为成熟,品牌资产积累较多,因此管理者手中可动用的资源也相应较为丰富。为了提升进入市场的效率、减少产品开发失误给品牌资产带来的损失,国际电商企业常常会通过入股、合资、兼并收购等方式,将自身的优势资源与当地的强势平台、品牌或企业进行整合,从而加快本土化和经验曲线进程,减少不必要的摩擦,分担成本与风险。

以印度电商市场为例,根据研究机构 IBEF 的统计数据,2024 年印度的电商市场规模将超过一千亿美元,2030 年更将增长至三千亿美元。由于印度人口基数大,政府也出台了一系列鼓励政策,因此电商市场未来发展趋势向好。但同时,印度电商市场又以竞争激烈和充满各种外部性变数而著称。因此,美国零售巨头沃尔玛于 2022 年斥资160 亿美元收购了印度电商企业 Flipkart(见图 9-5)的大部分股权,从而直接打通了沃尔玛在印度市场的渠道和品牌建设方向,避免在经济、社会与文化等方面都与美国迥异的印度市场犯下太多错误,导致市场战略失败。

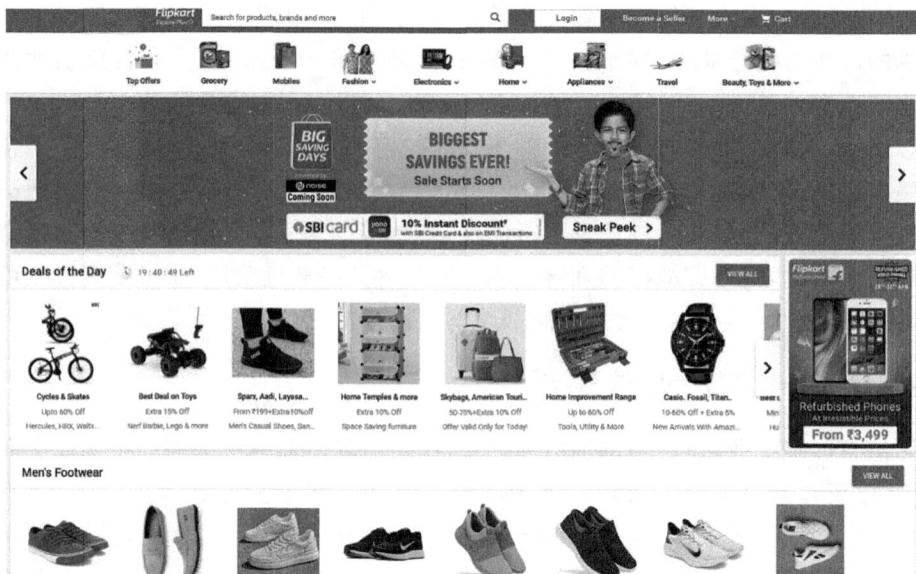

图 9-5　印度电商网站 Flipkart 截图

　　其次,国际企业会非常全面地分析本土的竞争对手。为了克服客场作战的弊端,国际企业通常不会贸然将本土市场的品牌策略原封不动地搬向海外,而是在谨慎地了解其他市场的具体需求之后,尝试本土化进程。从品牌定位、形象塑造、产品概念到本土采购、仓储物流、网站优化、广告推广,甚至社会文化的种种细节,国际企业都会全面地分析,以便于更快融入当地市场,得到消费者的认可。

　　以德国服装电商品牌 Zalando 为例,该公司于 2008 年在柏林成立,根据公司年报,2021 年商品交易总额达到 143 亿欧元,息税前利润约 4.68 亿欧元,是全世界都名列前茅的服装电商企业。而且,由于跨境电商业务向好,公司预期 2025 年商品交易总额将超过 300 亿欧元。2019 年,公司解雇超过 200 名员工,并利用 AI 进行本土化品牌战略。首先,企业立足于谷歌提出了超本地化(hyperlocal)算法。由于消费者关注物流速度、售后服务的便捷性,以及具有减少文化差异的需求,故距离越近越容易得到青睐。Zalando 尽量让自身的产品与服务变得更加超本地化,从而解决多数电商企业的问题,即与消费者的心理距离较远。其次,Zalando 充分利用本地消费者所关心的 Instagram、Tiktok 等社交网络内容来推广品牌,而不是盲目使用赠品、季末打折等对品牌形象造成长期负面影响的手段。最后,虽然多数欧洲人都能够阅读英语内容,但 Zalando 还是致力于为每一种语言打造更为便捷的本土化内容(见图 9-6),令消费者对品牌的认知与情感形象得到提升。

　　近年来,中国跨境电商企业响应国家相关战略与政策引导,在海外市场取得了不错的初步成果。由于中国在全产业链建设方面的成就,故在参与跨境电商业务的早期,企业可以依靠全门类的国内供应链和相对合理的采购价格,通过放诸四海皆准的高性价比来打入海外市场。如果其中一部分产品能够满足各地区市场的需求,就能够成为"爆款"产品,创造相当的利润。当一件产品逐渐走向生命周期的衰退期,企业可以再次揣

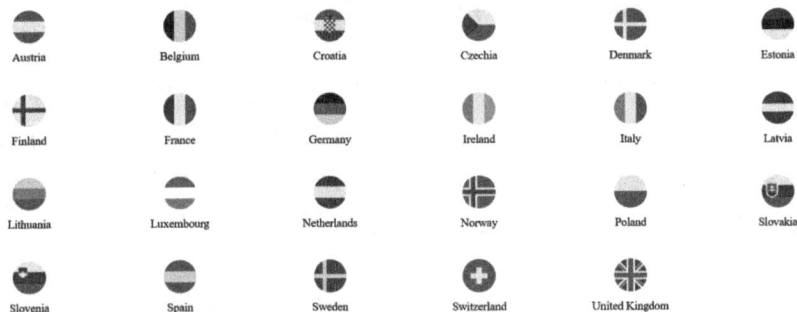

图 9-6　Zalando 本土化措施

摩市场动向,开发新的产品。这样的品牌战略可以充分利用上游产业成熟的生产水平,并且及时规避国际市场的波动,"船小好调头",对于初创型企业而言较为合理。但同时,产品成为"爆款"可能与很多因素有关,难以摸索规律,而且品牌黏性较低。随着国内原材料、土地、人力、环境保护等成本不断攀升,打造低价优质产品的难度越来越高。因此,单纯依靠多开发产品来赢得国际市场,实际上已经有了一定的"赌博"性质。

随着大量资本和企业进入,跨境电商的外部环境已经产生质变,粗放型品牌管理方法的弊端已逐渐大于好处。2021 年是"中国制造"出海转向"中国品牌"出海的转折点。根据谷歌与德勤联合发布的《2021 年中国跨境电商发展报告》,目前我国跨境电商品牌策略存在不同类型,具体如下:

(1)外贸工厂:依赖代工模式,主要依靠产品力和价格,品牌管理力度较弱。

(2)平台卖家:通过亚马逊等平台起步,依赖用户黏性,产品可能良莠不齐,品牌管理理念刚刚成形。

(3)流量导向独立站:主要依靠开设新商铺拓展业务,对品牌管理不够重视。

(4)渠道品牌导向独立站:由于围绕单个独立站运营,用户黏性和产品力都比较重要,因此品牌管理力度相对较大,用以减少顾客流失和保证品牌形象。

(5)产品品牌导向独立站:由于依靠强势单品,品牌形象是产品立足的唯一法门,因此品牌管理较为规范,水平较高。

(6)出海淘品牌:原本依靠淘宝等国内平台,尝试通过独立站向海外发展,因此几乎不存在用户黏性,品牌管理较为规范,对品牌战略要求较高,不容有失。

总之,并非所有的企业都面临迫在眉睫的品牌战略压力。对于主要依靠 OEM 代工模式参与跨境电商的企业,或者依靠亚马逊、速卖通、虾皮等电商平台的店铺卖家而言,由于企业规模较小,打造品牌的成本较高,因此主要依靠下游的渠道商进行市场推广,是较为理性的选择。

第九章　跨境电商品牌战略

无论是以渠道或产品作为品牌导向的企业，还是大规模出海的企业，品牌形象都是赢得海外消费者的关键。这些企业已经投入了较高的运营和宣传推广成本，在品牌建设方面已无退路。本章第二、三节将进一步探讨品牌战略的制定与实施。

第二节　跨境电商品牌资产管理

品牌资产是品牌管理的核心，更是品牌战略的终极目的。首先，从功利主义角度出发，每一种产品都会不可避免地经历从导入到衰退的生命周期，并不存在永远成功的产品。跨境电商产品生命周期可能会更为压缩，更新换代反而是经营日常。但品牌的价值可以大幅减缓企业因此而衰败的速度，甚至可以依托品牌而过渡到下一个成功的产品，从而孕育百年甚至千年存在的企业。

其次，从享乐主义角度看，消费者网购产品的动机包含追求新奇、自我奖赏，而且产品本身也可能具有享乐属性。如果产品除了基本功能外，其品牌缺乏新奇感、知名度或与消费者产生情感联系的属性，则购物体验也不会有较高的享乐价值。

本节首先简述品牌资产的相关理论，然后探讨跨境电商品牌资产的创建和评估。

一、创建品牌资产

公司价值中 60％ 来自品牌的无形资产。品牌资产指的是一家企业通过知名品牌所创造和积累的无形溢价。品牌资产的主要来源包括消费者的深刻记忆、品牌的可辨识性，以及消费者认知中的感知质量。另外，企业也可以通过搜索引擎优化、广告推广等方式间接提升品牌资产。

因此，品牌资产创建的原则，就是要兼顾品牌的认知-情感二元性。换言之，就是要使消费者能够在不同的购买情境下想起和偏好该品牌。在本章的开始，就探讨过品牌战略不是"应该干什么"，而是"不应该干什么"的问题。因此，创建品牌资产不是一步到位的成功，而是不断在实践中规避对品牌资产有害无益的实践方法，不断积累小胜，最终获得大胜。

因此，从品牌生命周期理论出发，品牌将经历创意期、增长期、成熟期、衰退期、复兴/消亡期。创建品牌资产的基本原则如下：

（1）创意期：避免产品的同质化，品牌诞生时就面临红海市场；

（2）增长期：避免企业过度依赖某一爆品，放弃对品牌形象的建设；

（3）成熟期：避免对创新的忽视，导致竞争对手迎头赶上；

（4）衰退期：避免失败主义论调；

（5）复兴期：避免重新进入红海市场。

以服装企业为例，据估计，中国至少有数万家服装制造企业，业务包含服装设计与销售的企业可能有数十万家。即便是多数靠进口纺织服装业的美国，也有 6000 家左右服装生产企业。与其他更多以功能为主要卖点的产品（如食材）相比，服装的品牌溢价效应非常明显。全球品牌资产排名靠前的品牌中，香奈儿、爱马仕、巴宝莉、普拉达等都是典型的例子。

对于跨境电商品牌而言,由于消费者在初次购买前无法直接触摸、试穿产品,从功利主义角度出发,难以感知产品的质量与使用价值。除了少数已在线下建立品牌资产的著名品牌,大多数电商服装品牌都很难立即给消费者带来新奇、炫耀、自我奖赏的享乐价值。

在2021年中国品牌出海50强榜单上,SHEIN快时尚品牌排名第11,表现抢眼。紧随阿里巴巴、字节跳动、华为、小米、联想、OPPO等高科技企业,领先腾讯、青岛啤酒、国航等著名品牌,SHEIN品牌的成长过程是否有普遍规律可循?

与大多数初创企业一样,SHEIN从某一品类(婚纱)做起,希望深耕细分市场。但随着规模逐渐扩大,走向国际市场,顾客需求的离散程度提高,对单一品类供应链的压力也越来越大,无法及时供货。因此,SHEIN逐渐扩展到全门类服装,利用中国全面高效的生产能力与供应链,从利用意见领袖增加流量,到逐渐积累口碑和用户黏性,最终成为跨境电商行业著名的独角兽品牌。

SHEIN的成功,自然有其独特的决策过程和管理实践。更重要的问题是,SHEIN等跨境电商企业在管理品牌时规避了哪些"雷区",从而使品牌资产不断提高。首先,从品牌创意期而言,高附加值服装是一种树立品牌形象的思路。但是,单一品类较难吸引众多消费者。其次,对于个人消费者而言,高档婚纱的价格过于昂贵,通常会选择物美价廉的产品,再加上物流等费用,单品的利润通常不会高。最后,对于影楼等买家而言,更会尽量压低价格。可见,在创意期,SHEIN虽然规避了同质化竞争,但在增长期不可避免地依赖于少数产品,从而使企业的发展道路受阻。因此,SHEIN大幅增加了产品品类,使消费者数量大幅增加,品牌增长迅速。在接下来的发展过程中,SHEIN不应当故步自封。世界各国的纺织服装产业链都在不断发展和进步,必然会有更多企业进入快时尚跨境电商服装业,并采用类似的品牌战略。

总之,企业家可能会产生天才创意,产品也有可能因为高性价比和天时地利人和而成为"爆品",但品牌资产的创建没有捷径,必须依靠步步为营、稳扎稳打的品牌管理逐渐积累。一旦品牌资产提升,就能够反哺产品的市场表现,形成产品与品牌互相促进的良性循环。

同时,品牌资产本身是无形的,而且不同国家的市场条件与消费者的心理也各不相同。因此,在国际市场积累品牌资产,对于跨境电商企业而言,最大的难点是如何测度每一步品牌资产建设工作的效果。

二、品牌资产评估

无论是降价促销,还是广告宣传,通常都能够取得立竿见影的效果。消费者态度可以利用调查问卷或实验进行测量,市场份额可以用品牌销量与整个行业总销量的比率计算,项目的净现值也可以用未来现金净流量现值减去原始投资额现值进行计算。如果这些指标出现问题,也能够相对容易找到原因。与这些企业绩效指标相比,品牌资产的评估难度更大,不仅计算方法各不相同,而且品牌资产的建设也不尽相同。品牌资产存在于消费者的心智和记忆中,是典型的无形资产,难以准确描述。即使采用同样的测量方法,也很难保证在不同的行业、市场和情境下,获取的数据具有非常可靠的内部与外部效度。

即使难以准确描述，企业仍然应当推进品牌资产的评估。尽管方法可能各不相同，且对于结果的解读和对管理决策的启示也在很大程度上依赖品牌管理者的主观意愿，但评估结论还是能够反映出企业品牌管理与品牌战略的效果，帮助企业调整未来方向，同时对于企业的利益相关者群体也会带来深远的影响。在企业进行战略转型，如上市、收购兼并或投资时，品牌资产将起到举足轻重的作用。

从学科视角出发，品牌资产评估的方法大致可分为两类：经济学方法与心理学方法。经济学方法主要依靠企业日常经营所产生的数据，包括销售数据、财务数据和人力资源数据等，通过合理的量化指标对品牌资产进行计算。经济学方法的优点包括：相对客观，容易测量，可以反复测量验证，而且可以灵活处理数据，回答全局性和细节性的问题。

对于品牌管理者而言，最为直观的品牌资产评估经济学方法就是对绩效数据的计算，可以通过计算价格促销、推广投入、搜索引擎优化等投入变量对销售额、增长率、盈利率、新顾客转化率等产出变量的相关关系和回归系数，判断企业的品牌资产是否有所提高。这一方法简单、直接，不需要特意进行数据收集。这一方法的缺点在于，虽然能够发现品牌管理与企业绩效之间的关联，但无法排除其他变量带来的影响。

同理，企业也可以利用资产负债表、企业年报等较为详细的数据，计算特定的财务比率。例如，可以通过计算净资产收益率（ROE）的数值，即净资产收益率＝（净利润/平均净资产）×100％，并与历史数据相比，如果企业的盈利质量有所提高，那可能说明企业在品牌资产建设上取得了进步。

品牌资产评估的另一类方法是心理学方法，主要依靠对消费者主观体验进行测量所产生的数据。除了进行量化建模的基本方法以外，还能够使用定性研究的方法，了解品牌为什么在消费者心目中占据特定地位，以及怎样改善。从本质而言，品牌资产是相对于竞争对手而言，在消费者心目中占据的比较优势。任何销售数据与财务数据都是来自这样的比较优势，因此测度这一比较优势，才是品牌资产评估的本质。

心理学方法中最为普遍的一种是对品牌知名度（brand awareness）的测算。品牌知名度可以反映在消费者未来购买意愿、消费者的瞬时以及长期品牌意识、目标客户群体的购买频数和总量、消费者在社交网络和日常生活中传播品牌的时长与频度等变量中，企业不仅可以直接通过后台数据和网络数据的抓取获得，还可以通过问卷调查、情境实验、深度访谈等方式对品牌知名度进行测量。

另外，品牌资产也可以通过品牌强度进行计算。由于资产代表投资者的信心与意愿，故品牌强度反映了消费者愿意将自己的金钱与时间投资在特定产品与品牌的信心，强度越高，品牌吸引的资源也就越多。通常，企业可以通过加权综合法计算品牌强度。例如，可以通过综合测量品牌知名度、销售业绩、与竞争对手的对比数据（如市场份额、性价比等），评价品牌在市场上的地位。

根据 Brand Finance 的测算（见图 9-7），2022 年品牌资产增长速度较快的企业为抖音、Snapchat、Kakao、AMD、比亚迪、英伟达、推特、阿斯利康、Coupang、CDW。这些品牌为什么增长迅速？读者可以结合本节内容加以分析。

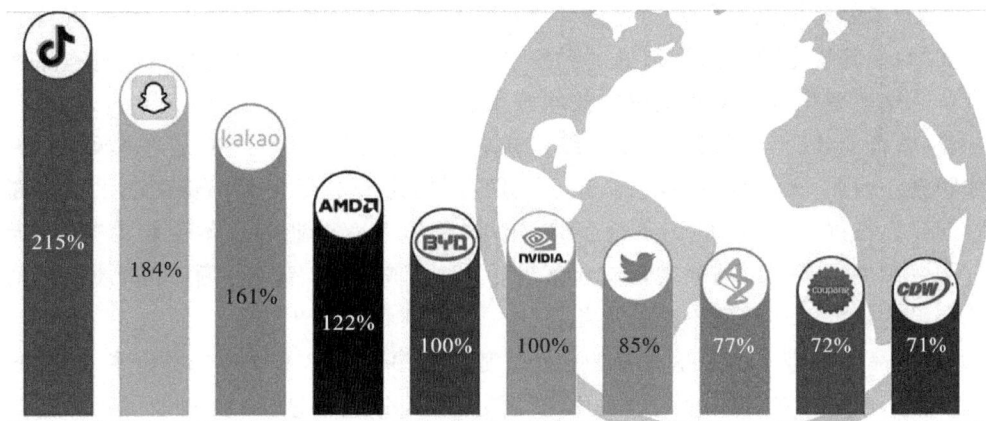

图 9 - 7 Brand Finance 2022 年品牌资产增长排行榜

第三节 跨境电商品牌长期战略

一、跨境电商品牌未来趋势

在大数据、物流等领域技术进步的前提下，跨境电商本就迎来了发展的契机，而全球疫情的大流行，让几乎所有行业都不得不重新思考开展或增加跨境电商业务的必要性。根据 Statista 的预测数据，全球跨境电商市场规模将在 2025 年超过 4 万亿美元（见图 9 - 8），届时行业竞争将更加激烈。只有迅速制定合理的品牌战略，跨境电商企业才能迎接这样的机遇与挑战。正确的长期战略取决于对未来趋势的准确把握，而预测事物发展的未来趋势的关键，在于有关发展的关键问题。

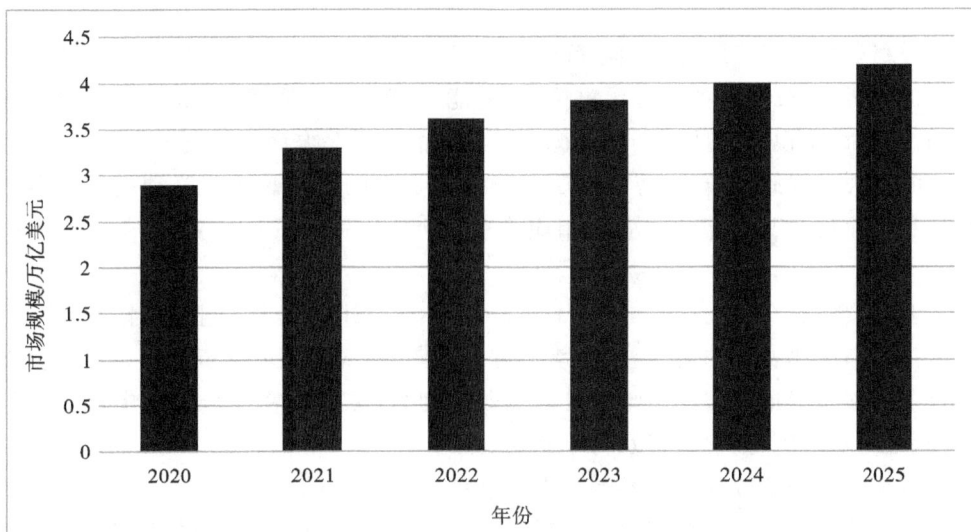

图 9 - 8 全球跨境电商市场规模预测

首先,未来跨境电商最大的趋势是成本的攀升。虽然成本上升几乎是所有行业的共同问题,但跨境电商以数量取胜的时段已基本过去,今后企业将更多以质量和品牌进行竞争。这就意味着无论是上游的技术开发、生产商和供应链,还是下游的渠道商、仓储物流、营销业务、售后服务,以及最终对新老顾客的关系管理,抢夺优质资源的行为将更加频繁。因此,无论是兼并收购,还是长期合同,跨境电商企业都将面临水涨船高的成本问题。根据 Shopify 的调研报告,近年来,跨境电商企业的成本不断攀升,但无论是宣传效果还是实际市场表现都有所下滑,一些品牌的推广费用上涨 5 倍,才能达到与过去持平的效果。这与理论预计是相符的。

其次,品牌会进一步深挖自身的独特优势与叙事。在本书提过的案例中,包括服装鞋靴、厨具、皮具箱包、游戏软件、唱片、家用电器等,在品牌发展的不同阶段都可能与竞争对手产生同质化竞争,采用较为简单的推广手段,但随着企业的成长,品牌管理开始独辟蹊径,逐渐形成特点非常鲜明的消费群体与消费文化。由于消费者足不出户就能浏览和选择来自全世界的品牌,因此价格将不再是唯一决定购买决策的要素,甚至将会是相对次要的要素。独特的品牌形象、与目标消费者紧密的情感联系,是跨境电商未来的品牌战略中不可或缺的。

最后,跨境电商的机会将更加广泛地存在于发展中国家的市场。目前跨境电商平台与独立站的主要目标仍然是北美、西欧、日韩等国家和地区,但随着这些国家和地区的需求趋近饱和,留给跨境电商品牌,尤其是新晋品牌的发展空间会越来越有限。反观发展中国家,虽然 2022 年仅有 20％ 左右的销售额来自发展中国家,但从人口数量和经济发展趋势而言,发展中国家的跨境电商市场仍然大有可为。而且,由于发展中国家基础设施建设仍有很多不足,民众线下购物的途径更少,因此对电商的需求可能在未来数年大幅增长。

二、社会责任

本教材引用了诸多跨境电商品牌营销的案例,其中一些案例反映的问题,并非是企业内部的要素所造成的,如管理层决策、盈利能力或员工资质等,而是由于企业在进入不同的市场时,忽视了当地社会在道德、伦理、风俗习惯等方面的规则与习惯,从而造成了品牌的损失。因此,管理学界提出了企业社会责任的概念。企业必须按照社会的公序良俗和商业伦理进行管理,承担相应责任,否则其品牌资产可能造成或大或小的损失。

企业社会责任(corporate social responsibility,CSR),是指企业在创造利润、对股东和员工承担法律责任的同时,还要承担对消费者、社区和环境的责任。企业社会责任要求企业必须超越把利润作为唯一目标的传统理念,强调要在生产过程中对人的价值的关注,强调对环境、消费者以及对社会的贡献。

本教材的第一章曾分析亚马逊对中国品牌加强监管的举动,虽然案例本身的是非曲直难以在较短篇幅内分析清楚,但案例的结果是显而易见的:如果企业将品牌管理的长期方向锁定在利润的增长和市场份额的扩大等方面,那么必然会与其他利益关系人

产生冲突,因而会在商业伦理、环境保护、劳工权益等方面对品牌提出越来越高的要求。

企业是否应当承担社会责任?在市场经济发达的美国,这样的学术辩论早已有之。1970 年 9 月,诺贝尔奖获得者经济学家米尔顿·弗里德曼(Milton Friedman)在《纽约时报》发表文章《商业的社会责任是增加利润》,其主要论点在于,第一,与政府部门、福利机构相比,企业天然的使命就是创造财富;第二,如果企业接受了社会责任,那么随之而来的将会是政府、媒体、竞争对手和民众不断增加的道德砝码,令企业无所适从。1984 年,爱德华·弗里曼(Edward Freeman)在《战略管理:利益相关者方法》一书中提出了相反的观点。弗里曼认为,影响企业长期竞争力的,除了盈利能力与市场份额之外,更重要的是与各种利益相关者群体的关系,如政府、消费者、竞争对手、媒体、员工、供应商、环保主义者等(见图 9 - 9),任何一种关系的失衡都可能会对企业造成重大影响。

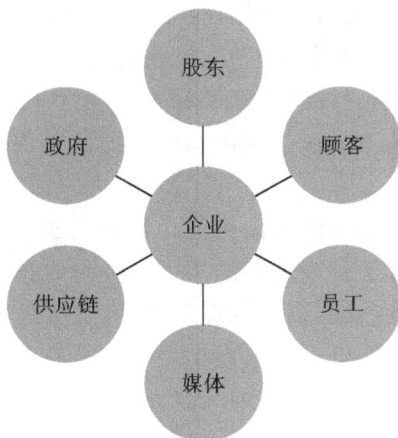

图 9 - 9　利益相关者理论

在此之后,业界和学术界对企业社会责任进行了不断深入的探讨与实践,《联合国全球契约》、国际劳工组织的 SA8000 等国际性企业社会责任实施纲领被相继提出。主动遵循这些纲领,跨境电商企业在品牌战略中加入企业社会责任的意义至少有以下三点:

首先,当地市场对外来的商业组织通常持怀疑甚至排斥态度。这是因为本地企业作为一个整体长期存在,能创造稳定的就业与税收。但外企可能会随着国际经济形势的变化而重新调整战略,因此对当地经济的影响更加难以预料,且本土竞争对手也会抓住这一问题做文章。总体而言,外企的社会责任压力要远高于本土企业。与传统行业相比,跨境电商品牌进入国外市场的难度与成本都会更低,因此更有可能会出现国际品牌扎堆竞争的情况。因此,跨境电商品牌以保护消费者权益、保护自然环境或促进社区发展作为卖点,能够为品牌形象带来正面影响,而出现批评的声音时,良好的社会责任记录也能够抵消这样的质疑。

其次,企业社会责任理论与研究结果表明,良好的企业社会责任表现能够提升企业的财务业绩。究其原因，如果企业能够调配足够资源，有效承担社会责任，那意味着在日常管理方面的投入较高，效果良好。而且，企业的良好形象能够给供应商、渠道商、消费者也带来连带的积极效应，从而表现出更高的品牌忠诚度。与传统行业相比，跨境电商企业的供应链更加脆弱，因此良好的企业社会责任也能够弥补这一问题，为品牌带来更为积极的号召力和更好的盈利能力。

最后，消费者的观点会直接影响跨境电商品牌的市场表现。政府、供应链企业对于国外品牌的看法可能较为综合与理性，而消费者的感知与心态则更加感性。本土品牌是消费者身份认同的一部分，而跨境电商品牌则属于"外来户"，本身就属于品牌形象方面的弱势群体。如果跨境电商企业伤害到自然环境或劳工权益，违背了当地的公序良俗，可能会产生雪崩式的消费者抵制活动。反之，如果跨境电商品牌的企业社会责任表现出色，消费者可能会产生"外来和尚会念经"的心态，从而提高品牌忠诚度。

根据社科院 2021 年发布的研究数据，企业社会责任表现最为突出的企业中，华润、三星中国等名列前茅。在整个榜单中，韩国企业表现突出，反而西方企业整体持观望状态。以三星为例，三星能够响应我国国家发展战略，在乡村振兴、环境保护、科普创新等方面均有突出表现。近年来三星在中国市场取得的傲人成绩，与其在企业社会责任方面的努力是分不开的。

国外跨国公司在企业社会责任方面的建设已取得长足进步。相比而言，中国企业的起步较晚。近 10 年来，由于越来越多的国内企业打入国际市场，中国企业也响应国际社会的号召，开始进行企业社会责任的宣传和建设，但这对于大多数跨境电商企业而言，仍然是新课题。因此，能够更早地觉察到企业社会责任的必要性和商机，并加以重视和建设的跨境电商品牌，必然也会在国际市场更早取得相应的优势。

跨境电商企业应当怎样提升企业社会责任的表现？首先，企业应当向利益相关者群体普及核心理念，包括管理层、员工、消费者、供应商等，并且矢志不渝地长期执行该策略。其次，企业应当不断用可测量的指标评估自身表现，并且发现自身的短板。最后，企业应当研究当地市场在社会责任方面的具体需求，并针对性推出企业社会责任行动，赢得当地政府、企业与民众的信任。

结语

首先，本章从品牌战略的意义出发，讨论品牌战略的制定，并分析目前跨境电商品牌战略存在哪些典型的问题。其次，通过分析如何进行品牌资产的建立与评估，探讨品牌资产与品牌战略之间的联系。最后，在分析跨境电商品牌建设的未来趋势的基础上，提出长期品牌管理的一些关键问题，并特别探讨企业社会责任对于品牌战略的意义与作用。

跨境电商的品牌营销虽然在本质上与传统行业并没有质的区别，但在具体的理论解释与实践操作上，都对管理者提出了新的要求。希望本书能够为读者带来启发，对品牌管理与企业国际化征程有所助益。

关键词

品牌战略;品牌生命周期;品牌价值链;品牌显著性;平台卖家;品牌导向独立站;品牌资产;企业社会责任

思考题

1. 跨境电商企业为什么需要长期品牌战略?
2. 怎样才能更为准确地估算跨境电商品牌资产?
3. 跨境电商品牌管理需要怎样的企业社会责任策略?

参考文献

[1] 李欣欣,彭晓玲. 重构跨境电商:阿里巴巴中小企业全球化实践[M].上海:上海交通大学出版社,2018.

[2] 宁芳儒. 跨境电商亚马逊是如何运营的:从零做到年销千万实操手册[M].北京:人民邮电出版社,2022.

[3] 张帆. 跨境电商一路通:文化差异下的客户服务[M].杭州:浙江工商大学出版社,2018.

[4] 新迈尔教育. 跨境电商运营实战[M]. 2版.北京:清华大学出版社,2019.

[5] 朱秋城. 直面危机:跨境电商创业[M]. 北京:中国海关出版社,2021.

[6] 柯丽敏,洪方仁,郑锴. 跨境电商案例解析[M].北京:中国海关出版社,2016.

[7] 蒋长兵,琚春华. 跨境电商理论与实务[M].杭州:浙江大学出版社,2022.

[8] 叶鹏飞. 亚马逊跨境电商运营实战:揭开畅销品与A9算法的秘密[M].北京:中国铁道出版社,2019.

[9] 潘百翔,李琦. 跨境网络营销[M].北京:人民邮电出版社,2018.

[10] 徐娟娟,郑苏娟. 跨境网络营销[M].北京:电子工业出版社,2019.

[11] 靳娟. 国际商务文化[M].北京:首都经济贸易大学出版社,2013.

[12] 老魏. 亚马逊跨境电商运营宝典[M].北京:电子工业出版社,2018.

[13] 刘国光. 电商销售要懂心理学[M].北京:电子工业出版社,2017.

[14] 毛卡尔. 客户关系管理[M].北京:人民大学出版社,2014.

[15] 刘慧君,董晓燕. 跨境电商视觉营销[M].北京:人民大学出版社,2018.

[16] 赵军,吴灿铭. 电子商务必学的16堂课:跨境开店＋精准营销[M].北京:清华大学出版社,2018.

[17] 史密斯,彭迈克,库查巴莎. 跨文化社会心理学[M].北京:人民邮电出版社,2010.

[18] 孟亮. 消费者行为学[M].北京:清华大学出版社,2021.

[19] 管理学编写组. 管理学[M].北京:高等教育出版社,2018.

[20] 王正侯. 国际政治经济学[M].北京:高等教育出版社,2021.

[21] 张晓东. 跨境电商品牌国际化研究述评[J].西南金融,2021(10):3-19.

[22] 邓贻龙. 希音打造快时尚跨境电商品牌[J].企业管理,2022(2):80-84.

[23] 李圆圆. 跨境电商生态圈分析[J].现代经济信息,2022,37(3):127-129.

[24] 李世纪. 社交媒体跨境电商营销探讨[J].合作经济与科技,2022(7):108-110.

［25］周晏百．基于社交电商的跨境电商发展研究［J］．华东科技，2022(2)：146－148．

［26］刘微．我国跨境电商发展研究［J］．合作经济与科技，2021(19)：84－85．

［27］滕飞，陈璇．RCEP 生效对我国跨境电商发展的影响探究［J］．中国商论，2022
(11)：10－12．

［28］聂爽爽，王瑞荣．跨境电商内卷化：表征、成因与矫治路径［J］．对外经贸实务，
2022(5)：30－33．

［29］王利丹．跨境电商出口营销策略研究［J］．现代营销，2021(1)：190－191．

［30］蒙隆财，石荣．中国跨境电商行业发展的 SWOT 分析［J］．中国市场，2022(1)：6－8．

［31］卞凌鹤，郭远扬．基于 AliExpress 平台跨境电商直播营销分析［J］．商业经济，
2022(2)：86－88，190．

［32］陈晶．我国跨境电商新发展、新机遇、新挑战［J］．现代商贸工业，2021，42
(10)：46．

［33］何波玲．浅析跨境电商品牌独立站营销的优势与难点［J］．商场现代化，2022(9)：
38－40．

［34］黄安琪．试论跨境电商的新媒体营销方式［J］．科学咨询，2021(31)：53－54．

［35］刘双．论中小企业发展跨境电商的困境及对策［J］．中国市场，2022(16)：182－
184．

［36］王永茂．阿里巴巴跨境电商海外拓展模式演进［J］．浙江万里学院学报，2022，35
(2)：1－7．

［37］陈文行．"一带一路"战略下跨境电商出口营销策略［J］．知识经济，2022，599(5)：
29－31．

［38］LØKKE A，BRUUN C，WANG Q，et al. User experience design approaches
for accommodating high "need for touch" consumers in ecommerce［J］. Journal
of Sensory Studies，2022，37(2)：1－15．

［39］ZHAO Y，HE Y，ZHAO W. Personalized clustering method of cross-border
e-commerce topics based on ART algorithm［J］. Mathematical Problems in
Engineering，2022(7)：1－7．

［40］QIN X. Brand preference prediction method of cross-border e-commerce
consumers based on potential tag mining［J］. Mathematical Problems in
Engineering，2022(6)：1－8．

［41］MOU J，COHEN J，DOU Y，et al. International buyers' repurchase intentions
in a Chinese cross-border e-commerce platform：A valence framework
perspective［J］. Internet Research，2020，30(2)：403－437．

［42］SUN Q，WU B. Evaluation on performance of domestic a-share listed cross-
border e-commerce export enterprises based on hierarchy process and grey
correlation［J］. Mathematical Problems in Engineering，2022(5)：1－8．

［43］WANG H，ZHENG C，XIAO X. An AMOS model for examining the factors

参考文献

influencing the development of China cross-border e-commerce comprehensive pilot areas[J]. Discrete Dynamics in Nature & Society, 2022(2): 1 - 7.

[44] HUANG S, CHANG Y. Cross-border e-commerce: Consumers' intention to shop on foreign websites[J]. Internet Research, 2019,29(6): 1256 - 1279.

[45] XIANG D, ZHANG Z. Cross-border e-commerce personalized recommendation based on fuzzy association specifications combined with complex preference model[J]. Mathematical Problems in Engineering, 2020(10): 1 - 9.

[46] ZHAO Y. Influencing factors of cross-border e-commerce trade between China and "Belt and Road" coastal and inland countries[J]. Journal of Coastal Research, 2020(103): 70 - 73.

[47] LAI J, SHAN C. Design of Sino-Japanese cross border e-commerce platform based on FPGA and data mining[J]. Microprocessors & Microsystems, 2021 (80): 1.

[48] YANG Q. Evaluation of service innovation capability of imported cross-border intelligent e-commerce platform[J]. Journal of Intelligent & Fuzzy Systems, 2021(4): 1 - 12.

[49] LU B, WANG H. Research on the competitive strategy of cross-border e-commerce comprehensive pilot area based on the spatial competition[J]. Scientific Programming, 2016(10): 1 - 9.

[50] RONG J, ZHONG D. Influence factors of customer satisfaction in cross-border e-commerce[J]. Journal of Discrete Mathematical Sciences & Cryptography, 2018,21(6): 1281 - 1286.

[51] HUNT S D. Positivism and paradigm dominance in consumer research: Toward critical pluralism and rapprochement[J]. Journal of Consumer Research, 1991 (18):32 - 44.